海上絲綢之路基本文獻叢書

日本一鑑 窮河話海（上）

〔明〕鄭舜功 纂輯

文物出版社

圖書在版編目（CIP）數據

日本一鑑．窮河話海．上 /（明）鄭舜功纂輯．-- 北京：文物出版社，2022.6
（海上絲綢之路基本文獻叢書）
ISBN 978-7-5010-7556-0

Ⅰ．①日… Ⅱ．①鄭… Ⅲ．①日本－歷史－史料 Ⅳ．① K313.06

中國版本圖書館 CIP 數據核字（2022）第 068562 號

海上絲綢之路基本文獻叢書

日本一鑑 窮河話海（上）

著　　者：〔明〕鄭舜功
策　　划：盛世博閱（北京）文化有限責任公司

封面設計：鞏榮彪
責任編輯：劉永海
責任印製：張道奇

出版發行：文物出版社
社　　址：北京市東城區東直門内北小街 2 號樓
郵　　編：100007
網　　址：http://www.wenwu.com
郵　　箱：web@wenwu.com
經　　銷：新華書店
印　　刷：北京旺都印務有限公司
開　　本：787mm×1092mm　1/16
印　　張：13.625
版　　次：2022 年 6 月第 1 版
印　　次：2022 年 6 月第 1 次印刷
書　　號：ISBN 978-7-5010-7556-0
定　　價：96.00 圓

總緒

海上絲綢之路，一般意義上是指從秦漢至鴉片戰爭前中國與世界進行政治、經濟、文化交流的海上通道，主要分爲經由黄海、東海的海路最終抵達日本列島及朝鮮半島的東海航綫和以徐聞、合浦、廣州、泉州爲起點通往東南亞及印度洋地區的南海航綫。

在中國古代文獻中，最早、最詳細記載『海上絲綢之路』航綫的是東漢班固的《漢書·地理志》，詳細記載了西漢黄門譯長率領應募者入海『齎黄金雜繒而往』之事，書中所出現的地理記載與東南亞地區相關，并與實際的地理狀况基本相符。

東漢後，中國進入魏晉南北朝長達三百多年的分裂割據時期，絲路上的交往也走向低谷。這一時期的絲路交往，以法顯的西行最爲著名。法顯作爲從陸路西行到印度，再由海路回國的第一人，根據親身經歷所寫的《佛國記》（又稱《法顯傳》）一書，詳細介紹了古代中亞和印度、巴基斯坦、斯里蘭卡等地的歷史及風土人情，是瞭解和研究海陸絲綢之路的珍貴歷史資料。

隨着隋唐的統一，中國經濟重心的南移，中國與西方交通以海路爲主，海上絲綢之路進入大發展時期。廣州成爲唐朝最大的海外貿易中心，朝廷設立市舶司，專門管理海外貿易。唐代著名的地理學家賈耽（七三〇～八〇五年）的《皇華四達記》記載了從廣州通往阿拉伯地區的海上交通『廣州通夷道』，詳述了從廣州港出發，經越南、馬來半島、蘇門答臘半島至印度、錫蘭，直至波斯灣沿岸各國的航綫及沿途地區的方位、名稱、島礁、山川、民俗等。譯經大師義净西行求法，將沿途見聞寫成著作《大唐西域求法高僧傳》，詳細記載了海上絲綢之路的發展變化，是我們瞭解絲綢之路不可多得的第一手資料。

宋代的造船技術和航海技術顯著提高，指南針廣泛應用於航海，中國商船的遠航能力大大提升。北宋徐兢的《宣和奉使高麗圖經》詳細記述了船舶製造、海洋地理和往來航綫，是研究宋代海外交通史、中朝友好關係史、中朝經濟文化交流史的重要文獻。南宋趙汝適《諸蕃志》記載，南海有五十三個國家和地區與南宋通商貿易，形成了通往日本、高麗、東南亞、印度、波斯、阿拉伯等地的『海上絲綢之路』。宋代爲了加强商貿往來，於北宋神宗元豐三年（一〇八〇年）頒佈了中國歷史上第一部海洋貿易管理條例《廣州市舶條法》，并稱爲宋代貿易管理的制度範本。

元朝在經濟上採用重商主義政策，鼓勵海外貿易，中國與歐洲的聯繫與交往非常頻繁，其中馬可•波羅、伊本•白圖泰等歐洲旅行家來到中國，留下了大量的旅行記，記録元代海上絲綢之路的盛況。元代的汪大淵兩次出海，撰寫出《島夷志略》一書，記録了二百多個國名和地名，其中不少首次見於中國著録，涉及的地理範圍東至菲律賓群島，西至非洲。這些都反映了元朝時中西經濟文化交流的豐富内容。

明、清政府先後多次實施海禁政策，海上絲綢之路的貿易逐漸衰落。但是從明永樂三年至明宣德八年的二十八年裏，鄭和率船隊七下西洋，先後到達的國家多達三十多個，在進行經貿交流的同時，也極大地促進了中外文化的交流，這些都詳見於《西洋蕃國志》《星槎勝覽》《瀛涯勝覽》等典籍中。

關於海上絲綢之路的文獻記述，除上述官員、學者、求法或傳教高僧以及旅行者的著作外，自《漢書》之後，歷代正史大都列有《地理志》《四夷傳》《西域傳》《外國傳》《蠻夷傳》《屬國傳》等篇章，加上唐宋以來衆多的典制類文獻、地方史志文獻，集中反映了歷代王朝對於周邊部族、政權以及西方世界的認識，都是關於海上絲綢之路的原始史料性文獻。

海上絲綢之路概念的形成，經歷了一個演變的過程。十九世紀七十年代德國地理學家費迪南・馮・李希霍芬（Ferdinad Von Richthofen，一八三三～一九〇五），在其《中國：親身旅行和研究成果》第三卷中首次把輸出中國絲綢的東西陸路稱爲『絲綢之路』。有『歐洲漢學泰斗』之稱的法國漢學家沙畹（Édouard Chavannes，一八六五～一九一八），在其一九〇三年著作的《西突厥史料》中提出『絲路有海陸兩道』，蘊涵了海上絲綢之路最初提法。迄今發現最早正式提出『海上絲綢之路』一詞的是日本考古學家三杉隆敏，他在一九六七年出版《中國瓷器之旅：探索海上的絲綢之路》中首次使用『海上絲綢之路』一詞；一九七九年三杉隆敏又出版了《海上絲綢之路》一書，其立意和出發點局限在東西方之間的陶瓷貿易與交流史。

二十世紀八十年代以來，在海外交通史研究中，『海上絲綢之路』一詞逐漸成爲中外學術界廣泛接受的概念。根據姚楠等人研究，饒宗頤先生是華人中最早提出『海上絲綢之路』的人，他的《海道之絲路與昆侖舶》正式提出『海上絲路』的稱謂。選堂先生評價海上絲綢之路是外交、貿易和文化交流作用的通道。此後，大陸學者馮蔚然在一九七八年編寫的《航運史話》中，使用『海上絲綢之路』一詞，這是迄今學界查到的中國大陸最早使用『海上絲綢之路』的人，更多地限於航海活動領域的考察。一九八〇年北京大學陳炎教授提出『海上絲綢之路』研究，并於一九八一年發表《略論海上絲綢之路》一文。他對海上絲綢之路的理解超越以往，且帶有濃厚的愛國主義思想。陳炎教授之後，從事研究海上絲綢之路的學者越來越多，尤其沿海港口城市向聯合國申請海上絲綢之路非物質文化遺産活動，將海上絲綢之路研究推向新高潮。另外，國家把建設『絲綢之路經濟帶』和『二十一世紀海上絲綢之路』作爲對外發展方針，將這一學術課題提升爲國家願景的高度，使海上絲綢之路形成超越學術進入政經層面的熱潮。

與海上絲綢之路學的萬千氣象相對應，海上絲綢之路文獻的整理工作仍顯滯後，遠遠跟不上突飛猛進的研究進展。二〇一八年厦門大學、中山大學等單位聯合發起『海上絲綢之路文獻集成』專案，尚在醖釀當中。我們不揣淺陋，深入調查，廣泛搜集，將有關海上絲綢之路的原始史料文獻和研究文獻，分爲風俗物産、雜史筆記、海防海事、典章檔案等六個類别，彙編成《海上絲綢之路歷史文化叢書》，於二〇二〇年影印出版。此輯面市以來，深受各大圖書館及相關研究者好評。爲讓更多的讀者親近古籍文獻，我們遴選出前編中的菁華，彙編成《海上絲綢之路基本文獻叢書》，以單行本影印出版，以饗讀者，以期爲讀者展現出一幅幅中外經濟文化交流的精美畫卷，爲海上絲綢之路的研究提供歷史借鑒，爲『二十一世紀海上絲綢之路』倡議構想的實踐做好歷史的詮釋和注脚，從而達到『以史爲鑒』『古爲今用』的目的。

凡例

一、本編注重史料的珍稀性，從《海上絲綢之路歷史文化叢書》中遴選出菁華，擬出版百册單行本。

二、本編所選之文獻，其編纂的年代下限至一九四九年。

三、本編排序無嚴格定式，所選之文獻篇幅以二百餘頁爲宜，以便讀者閱讀使用。

四、本編所選文獻，每種前皆注明版本、著者。

五、本編文獻皆爲影印，原始文本掃描之後經過修復處理，仍存原式，少數文獻由於原始底本欠佳，略有模糊之處，不影響閱讀使用。

六、本編原始底本非一時一地之出版物，原書裝幀、開本多有不同，本書彙編之後，統一爲十六開右翻本。

目録

日本一鑑 窮河話海（上）

日本一鑑 窮河話海（上）

〔明〕鄭舜功 纂輯

民國二十八年影印舊鈔本

日本一鑑窮河話海

上冊

民國貳拾八年
據舊鈔本影印

日本一鑑窮河話海卷之一

奉使宣諭日本國新安郡人鄭舜功纂

日本之區懸隔滄海自漢以來常通中國魏晉隋唐亦嘗貢[illegible]究其
北胡閏位雖屢使人遺夷中沮不得要領輙特驕兵卒致海患逮今
聖朝入貢出使乃得要領海患寢息百數十年矣自歲庚戌以來姦宄禍
亂荼毒東南功思
舊章冒干
天聽荷蒙
聖明遣使海外奉宣
文德化道裔夷得其要領期致治安歸罹媢嫉致僨事憤思張騫出自草
茅非奉使命終老無聞功亦草茅時際
聖明奉

使化外功將垂成不罹娼嫉歟　東海蕩平矣而功豈下張騫耶蠢爾海
寇十有餘年氛動風生徒報燋爛奚為長治久安之道哉孤憤不已遂
以見聞類編成集目曰窮河話海及凡古今馭夷之事知則悉載上陳
天覽下匡時政庶見草茅奉

本傳

日本古倭奴國島居溟渤之東國西筑紫島即古狗邪韓國向列九國
西南去廣七千餘里去閩五千五百里正西去浙三千七百里去淮三
千餘里去齊不三千里去遼二千餘里自筑紫西北去韓千四百四十
里筑紫之西對馬島去韓四百八十里本國之都即漢書云耶馬臺北
去月氏千二百里島緜東北魚貫東南為中國之東藩蕃初主天御都

筑紫之日向宮主邪摩維國一族世傳以尊稱伊都投馬種類百有餘國奄為所屬文武寮吏皆世其官傳至廿三世號神武者乃彥瀲尊之第四子始稱天皇自筑紫入都大和畺原宮即耶（耶倭作野）馬臺仍號曰倭本島夷初漁稼治生漢魏以來通知用兵自後漢光武中元間始重譯韓通中國自稱大夫光武賜以印綬安帝永初倭王帥升等獻生口百六十人願請見是後倭屬帶方郡桓靈之世國相攻伐歷年無主有一女子曰卑彌呼長年不嫁酷事鬼神以妖惑衆共立為王法甚嚴峻魏景初間女王卑彌呼遣使大夫難升米牛利等前來朝獻詔封卑彌呼為親魏倭王賜金印紫綬難升米等次拜中郎校尉各假銀印青綬晉泰始間女王卑彌呼與狗奴國男王卑彌弓呼素不合遣使詣郡說相攻伐狀遣塞晉掾史張政齎詔告諭之卑彌呼死更立男王國中不服互相誅殺復立卑彌呼宗女壹與國遂定時稱女王國於是壹與使

送張政等還此島之初無文字刻木結繩為政方自宋武甲辰年夷王應神始於百濟得中國文字自號八番菩薩宋齊梁時皆授節浮屠之學始象聖間得傳佛法於百濟隋尋入朝求佛法開皇間夷王用明徙治大和之山背山背之山環拱如城故名山城始制五畿七道六十六州三島宇其子聖德俗稱救世觀音之作憲法行於國唐長安間夷王文武遣使來貢時更倭號曰日本國書謂號大唐則天皇帝之所封於時文武遂將六十六州更名曰國壹岐對馬二島亦各名國屬西海道多藝等島不稱馬開元間夷王聖武以僧志高氏巡行諸島按得陸奥地方綿邈將部九郡分作五十四郡乃繪與圖名曰行基傳於其間惟時夷王遣使真人粟田背請從諸儒授經詔四門助教趙玄默即鴻臚寺為師獻大幅巾為贄賜書以歸其副朝臣仲滿慕華願留易名朝衡歷左補闕還復入朝上元中擢散騎常侍安南都護天寶中新羅梗道

始由明越入朝故其西海肥前大隅之間名為古今入唐道又天堂島名天堂官渡蓋覩中國取義時使經吳得織藝歸乃知作綾世稱織者名吳綾惟為練布既久矣建中間使僧興能善為草書元和間夷王桓武惡殺好生常命外記史官作倭名集及倭法律行於國遣使滕元葛野浮屠空海及延歷僧澄入朝請詣天台傳智歷廿年還夷初無姓自王嵯峨賜其子名十二樓之姓源氏倭姓始焉光啟間夷王光孝遣使僧來傳教國書號稱傳教大師與其弘法大師護明宗正及臣名備吉等議祖唐字四十七數乃作倭字志唐字旁翻譯始備梁周之世其常入朝夷王醍醐村上以來設科取人趙宋之世斯文隆盛夷思慕之乃於下野創立學堂題名學校一名足利又稱風世學宮兩旁開鑿二渠慕稱洙泗列國學徒常二三千人講學其間雍熙間夷王守平命僧淨閻等重修國法使僧奝然等前來朝貢援奝然善隸書艱華言問其風

土但書以對云其國中有五經佛書白居易集七十卷咸平間來夷滕木吉帝召見之以國詩獻請賜日本祥光記命張君房以為之景德間來僧寂照識文字能繕寫熙寧間來僧誠尋諳天台國清寺願留州以事聞帝以遠人而有戒心詔處開寶寺前此使人多好儒好佛亦皆中國垂教之胡元閏位於中國彼以蒙古不朝累招之使不至累征之海難涉故范文虎提十萬之師飄飄入海還者三人焉後招來市即不滿所欲卒燔刼而去終元之世使竟不至寇盜邊垂

太祖混一之初告諭四夷其謂中國有

真主出遣使來朝給與勘合為朝貢憑當此之時本生滕佑壽授官至於觀察使先是姦臣胡惟庸通謀不軌故絕其來

成祖御極遣使中官鄭和往招百番入朝遂詰入犯之故夷王源道義深知夏夷之義圖雪醜好之私即於壹岐對馬等島擒獲犯逆以獻

上嘉其勤誠賜王九章封其鎮山
御製襃文勒石本國給與金章勘合
制定貢期人船方物有常數王道義死盜賊復生職貢不至遣使諭王源
義持使通盜熄
宣宗朝馭之以道海不揚波今百餘年矣
武宗朝夷國學校之徒請使入朝求祀師儀議處未當不允其請嘉靖以來商賈私通姦宄漸作嗟十餘年矣當事之公踈於要領故亂未平備
按瀛蟲録異域志考畧諸書皆以倭寇目之自奉
宣諭詔彼海寇總名破帆又名白波發之則族故俗尤嚴寇禁夜不扃門而鮮偷竊人罵以賊讐恨不忘俗雖多武尤重佛而好文比得要領輙用
文教而豐後刺史源義鎮遣僧清授附舟報使矣日本國王源知仁旅諭

禁行去使道還歸報矣嗚呼重詐輕生為倭舊俗今抑此夷惟文可化
夫當事者不明要領别事計數是以久背夫忠信惡反窮黷乎夫究馭
夷之道者須知
文德聖神靈
天原
備按天下之物本立於地象懸於天五官知之皆所以節宣和氣機察
物宜災祥得失若合符契四海島宇懸一週天環拱於中係屬分野靈
夷戎狄悉志於書五官占候無外乎此而日本山城方位屬天市垣其
海島也四旁紆嶼小大無算雖曰懸隔一海然天羅萬象莫不環拱於
中宮居方定位各有所守夫抵守分者吉過者凶福順禍逆於此可
見抑此且天官之學未易究竟不敢妄議先代政佐有能得知天象者
自抱赤心肯發善言致使凶星退合志之所存當是之時東海之外攙

槍越度熒惑過躔兵變未已百爾君子之於政佐其有得知天象者宜秉赤心以發善言信使凶星退舍於度外萬象環拱於中天共樂天常也耶

地脈

備按天下之脈起自須彌佛書云須彌以者在天地之内中高而四隤日月蔽虧其頂上分四山而大中國有四河源分出四去為四世界東佛于代南瞻浮地西衢耶尼北鬱單國三韓國名一馬韓五十四國二人韓一十二國三日豹韓一十二國其地以東西為界脈自須彌南起崑崙百狀千形造設萬國亦莫不祖彌而宗崑崙也枝榦條枚難以紀極不得悉言矣自昔遵海諭夷彷彿所見畧審日本之脈起自閩泉永寧間間袖一枝去深滬東渡諸海結彭湖等島再渡結小東島一名小

琉球彼云大恵國自島一脉西南渡海乃結門雷等國一脉東北起鈎魚黄蘇赤坎古米馬齒等島乃結大琉球國自大琉球一脉東北渡海起硫黄田嘉大羅七島屋久種島間島白不硫黄等島乃結日本首自大隅至豐前中分九國自豐前渡長門東行結陸奥中枝盤旋南結山城旁枝南行結紀伊又渡海結阿波即南島為山城之案此所以言日本之疆域畧可考矣本島之夷不知堪輿之術漫言地脉起於淡路豈其然哉按考地圖種島大隅筑前伯耆陸奥等處地多白沙人生矮小然則孔子家語有謂沙土之人細斯亦驗矣但此夷島陰極中所生雖突起硫黄等島蓋由陰極而陽濁其氣鬱烝不能盡泄發為爆火山勢麄頑生産諸夷賦性兇狠尊龍經云凡物之精上應天星世以峯為星峯者以其峯應列星故也人亦感地之氣而生焉故此倭夷賦性兇狠實地氣使然也按此東夷累代入朝貢以地脉由中國而性餘枝歸向

祖宗蓋亦不忘其本其理然也大抵日本之域沉浮於萬里溟渤之東時人未易知之撼龍經云東入三韓師杳冥夫三韓者有不可得而知之日本之域夫豈易言哉中國一區大峙中天譬如弥月四海之島小大無算猶衆星之拱月焉

水源

備按天下之水源出須彌須彌水源間分四派作四大世界界水終歸於四海莫不東之水說須彌佛書具載須彌遶南星宿海即火敦腦兒清泉涌出於地中方泓七十八里縈迂二澤又九渡前古之人未識也逮元嘉烈始知之水下崑崙南行五百餘里河始溷濁故名黄河崑崙源也為漢張騫所窮下而積石孟門華陰底柱洛汭大伾大陸九河碣石備載圖書而北西南水隨山下世所未窮千折萬迴亦莫不之於東海東海海外水人不求知海賊漸生星槎乃發捻拋一腔忠義冒千萬

坐風濤涉海觀山牽絲渡水水源雖不可測山行勢則昭然山峙其間水源自見按得日本筑摩之水源發近江水勢之生頗類星宿山城武藏源出津津筑紫硫黄湯浮沸沸皆知地涌孰謂天生地載之餘而注諸海基乎氣脈喘息生焉隨月朝宗五名潮汐古今天下不失此道之常也夫化荒夷宜根要領水源潮汐同之設使源水竭流潮汐不至喻人身之斷氣脈斯五待斃烏望無病歟既窮水源宜資治道未應東渡熟念西來用夏變夷蓋由忠信尊親効順義重哀矜水源之道常流潮汐自然而至此喻一身之無病而人莫不長生耶

時令

備按島守氣字候有差地在我之東南土氣温暖漢書隋志皆然温暖之地仲冬始霜地在我之東北土氣寒冷故其駿河富士山間四時積雪不消此昔我所未知也彼云年謂之白也天竺言云初年甫年也云四

時春麗景夏朱明秋白藏冬極時月之次第詳於一歲之中日之俗宜着於月令之内云輙時者猶言刻也一歲稱呼如斯而已凡行新歷到列國則必鼓樂以迎之歲月異名曁諸俗事次第詳悉

正月肇歲一云睦月一云昵月俗謂新春親類相依娛樂故名之月朔國人齋沐祈祝天地先向其都方位拜祝其王次父母兄弟夫婦長幼禮畢往來親友之家是日俗尚嬉戲各逞技能盡醉而歸賀正之禮其有行至十一日十五日二十日止月初子日俗人祝松祝云男七女二七云云七日禁中白馬會俗人登高望遠謂得陰陽靜氣以除煩惱十四日禁中男踏歌皆發祝頌之詞望日清晨俗以白米小荳為粥致祭地祇國郡所村童子成群手持一物謂羽子板及刺杖遍入人家搜求不育之婦見即撻之童謠曰汝伕生兒十六日禁中女踏歌凡月晦謂提月　二月如月一云衣更着月俗以此月餘寒猶嚴故云衣更着也

望日弔亡者二八月時云彼岸　三月竊月一云彌生月言諸草木至
此俱生故名三日作草餅祭祖先桃花泛酒以為樂　四月卯月是月
也卯木盛華故名僧家開浴謂之淋汗八日僧俗之人祭賀釋迦生辰
五月臯月五日酒泛菖蒲競馬擬競渡致祭三閭楚大夫小兒輩作
艾虎故事祭賀茂神俗云賀茂祭　六月且月一云皆熱月月朔以冰
進王分賜群臣按彼之冰例藏越前一乘溪預備以供此節云月望夷
王致祭天地神祇粧扮人物故事鳥獸之戲是月晦云越祓俗以夏盡
秋交金火相尅故名　七月文月一云親月俗省親墓故名是月俗餉
父母謂之生見玉月望盂蘭盆會夜則燒燈於門外比屋皆然謂導亡
人受祭　八月云彼岸一云壯月一云葉月以木葉落故名朔云憑又
云白露白露節值八月也月望國都則祭八幡神謂之放生會大和則
祭大明神伊勢則祭天照神皆夷先代國王也國人謂之三社日是日

豐後揚師至飾金草遊於郊原之間　九月玄月一云長月月陰象俗以夜長故名九日採菊獻觀音　十月神無月俗以神集出雲云惟出雲謂之神有月是月也擇日修祭諸神亥日食餅謂豕餅祈禳無病十一月暢月一云霜月是月也國之東南始隕霜卜日祀竈　十二月趨月一云師趨俗以諸人事煩不暫居家雖師匠亦趨走也故名十三日致賀禮月望祀祖先月晦作蘇樧僧俗互遞往來辭年門户懸稻穰插蘇房祈稻之熟祈子之多其王宮室侍臣乃以桃弓葦箭驅儺云凡閏月俗事同

種族

備按種族自其初王天御始都筑紫日向宮以倭為號傳至夷王神武筑紫都還入大和仍號以倭至夷王天國於梁承聖間遡其世代凡五十三矣且以世數而言之三十年為一世大槩計年凡千五百餘年矣

此則天御唐虞之際而生焉天御之祖不知為誰肇生何時無可考矣
國書島初男神妻神之欲發跡潮沫自凝以成島此豈足信乎自奉
宣諭按其種類本有天御之種秦有徐福部童男女之種梁有百濟志高
氏種後有多多良氏種唐有華人吳織之種（通典謂太伯之後者此也）及蝦蛦種元
有敗兵彼謂新附唐人之種近有朱縞（宋素卿）之種又被虜官袁璉種膳
有逋逃之種及多被虜人種矣此所以言種類也嗚呼天下一家罔閒
內外逋逃釀禍青法何歸被虜良民籲
天無計此即本源之道推窮治亂之基

氏姓

備按隋唐志書其王姓阿每又按宋史諸書其王王姓本國書云夷初
無姓自王嵯峨賜其子日十二樓之姓源氏次平滕橘共四大姓後分
百姓於內廿姓為公家八十為武家俗稱武家者物武八十姓氏也而

源平藤橘族類繁衍散居夷中諸島惟源姓氏世繼為王古今不易夫源姓氏永樂之世始如之若平姓名乘者號稱鬼神大夫也而藤氏世為武家宋有藤木吉之附商舟入朝今本姓名長慶者為山城刺史夷稱君子列國咸愛之而橘氏始載唐書學子橘免勢願留肄業其單姓氏世代有增唐書使人仲滿慕華不肯去更姓名曰朝衡歷左補闕久還之後使來有姓朝者又兼姓者世居美濃善於刀劍銘有兼定兼次兼常等名又徐氏也秦逋方士徐福之後今彼各島有其子孫焉自是華人有徐倭之稱非倭夷之嫡姓也其單字姓多元敗兵投當是時倭謂新附唐人不殺而奴者又朱姓者又宋素卿之後素卿鄞人來縞也其父先與貢夷交易折本填去更姓宋氏兩度入朝致生癸未之變宄本朱姓故有朱倭之稱氏有指揮袁璡者乃被亂夷挾去之周防向有子孫也若今逋逃雜姓且多不可不知其本雙字之姓或由地名或從

官氏或因國郡而稱焉唐書真人因官而氏本國謂尸宋史奝然俗姓藤原又三字姓波羅門者來自天竺又志高氏及多多良者來自百濟也俗取名字多用道義鑑彥善新神與仁助等字其子若孫假以雙字為名項字不易如長子則曰助大郎次子助次郎云夫知姓字一併詳之

單字姓曰源平滕橘仲朝氣中清南菅王安萬永經道張隆本致桓敦相宗極為化様公成加茂江徐朱宋袁歸漢　雙字姓曰志高三津佐伯任生巨勢高橋清華藤原役公下村　三字姓曰波羅門多多良也

國君

備按日本王姓源氏世王其國自其初王天御至王守平當宋雍熙時凡八十八世巳前世次巳載唐宋史書不復宣言守平以後雖曰入朝宋史不載北胡閏位於中國本夷不朝亦無可考

國初來貢其王良懷永樂之世其王源道義次源義持以後來貢我少詳記自宋雍熙算至於今六百七十餘年且以世次而論之凡三十年為一世算該二十二世矣國有世譜及有文夾系圖繁未及錄已得錄者姑依本錄尚欠詳悉以俟知者詳說也

仁德天皇此自稱者又稱鳴鷯帝應神天皇御子女御宮太后宮仲姬命仁賢天皇舒明天皇御子母后皇極女帝天智天皇履中天皇御子天皇同母御帝顯宗聖武天皇文武天皇御子母后淡海公御子平城天皇稱奈良帝桓武天皇諸子母石內大臣良繼諸子陽成法皇清和天皇諸子母后中納言贈大政大臣長良女光孝天皇深草天皇諸子母后紀伊宇贈大政大臣滋緖女寧多法皇亭子院小松天皇諸子母后式部卿親王仲野諸子醍醐天皇稱延喜帝寧多法皇諸子母后內大臣高藤諸子朱雀院醍醐天皇諸子母后堀川關白殿下照宣公御子村上天皇稱天歷帝同帝御子朱雀院同母諸弟冷泉院村上天皇諸子二號母后九條大臣師輔諸子貪融院同帝諸子冷泉院同母諸弟花山院冷泉院諸子母后攝政謙德公諸子一條院貪融院諸子母后清真院殿下兼家諸子三條院冷泉院諸子二號母后同關白諸子後朱雀院一條院諸子母后上東門院諸女後冷泉院後朱雀院諸子母后

御堂關白殿下道長諸女小一條院三條院諸子母后左大將軍濟時女後三條院後朱雀院諸子母后陽明門院女

白川院後三條院諸子母后中納言公成卿女堀川院白川院諸子母后六條古石大達顯房子崇德院後白川院

諸子母后大納言經實卿女賁女二十一人親王十八人附宮聖德太子上宮太子用明天皇諸子有間王子孝經

天皇諸子母后左大臣阿附倉橋諸子高岳親王號十六如親王平城天皇之子雲林院親王常康深草天皇諸子

小野宮親王惟高文法天皇諸子閑院四品親王員元清和天皇弟兵部卿親王元良陽成院諸

子前中納言親王惟忠光孝天皇諸子式部卿親王敦度寧福院之子一品式部入道親

王敦實同院諸子上總太守四品親王行明延喜帝子同太守四品親王盛明同帝第十五子

前初書王兼明同帝之子後中書王具平天歷帝諸子彈正尹親王清仁冷泉院諸子武花山院諸

子云延久三宮輔仁後三條院諸子紫金臺寺二品入道親王鳥羽院諸子移居仁王寺

仁和寺二品法王守覺後白川院諸子已上夷王凡廿三代中附夷君之子云國王良懷洪武時也源

道義永樂時也源義持永樂宣德初也源義植正德嘉靖初也源義晴嘉靖戊申來貢也

源知仁嘉靖乙卯嗣立也

職員

備按漢書初倭入朝自稱大夫魏志職員有伊支馬次彌馬升次彌馬護支次奴佳鞮等號隋志職員有大德小德大仁小仁大義小義大禮小禮大智小智大信小信一十二名員無定數又有軍尼一百八十員如中國牧宰八十戶置一伊尼翼如里長十伊尼翼屬一軍尼唐書真人猶唐尚書又宋史云使僧奝然入朝上有職員書使云本姓藤原氏其父真連為國五品官備考宋元之世東夷列國皆有刺史又按永樂戊戌日本王源義持遣日向大隅薩摩三州刺史島津滕存中等入朝其文武寮吏皆世其官夷國書言至今如昨位階八等有正從上下之分按宋端拱戊子奝然遣使奉貢物有叅議正四位上滕佐理手書二卷前此未詳悉今以所知者次第書之

神祇官曰伯曰大副曰權大副曰少副曰權少副曰大祐曰權大祐

曰少祐曰權少祐曰太史曰權太史曰少史曰權少史曰祭主　大政
官曰攝政曰關白曰大政大臣曰左大臣曰右大臣曰內大臣曰大納
言曰中納言曰少納言曰叅議曰左大辯曰右大辯曰左中辯曰右中
辯曰左少辯曰右少辯曰大外記曰少外記曰左太史曰右太史曰左
少史曰右少史　中務省曰卿曰大輔曰少輔曰侍從曰內舍人　內
記局曰太內記曰少內記　監物局曰大監物　中宮官曰大夫曰權
大夫曰亮曰權亮曰大進曰權大進曰少進曰權少進　大舍人寮曰
頭曰助曰權助　圖書寮曰頭曰助　內藏寮曰頭曰權頭曰助曰權
助　縫殿寮曰頭曰助曰權助　陰陽寮曰頭曰助曰權助曰陰陽博
士曰權陰陽博士曰曆博士曰權曆博士曰天文博士曰權天文博士
曰漏刻博士曰權漏刻博士　內近寮曰頭曰助　式部省曰卿曰大
輔曰權大輔曰少輔曰權少輔曰大丞曰少丞　大學寮曰頭曰助曰

文章博士曰明經博士曰助教博士曰直講博士曰明法博士曰算博士曰音博士曰書博士　治部省曰卿曰大輔曰權大輔曰少輔曰權少輔　雅樂寮曰頭曰助　玄蕃寮曰頭曰助　諸陵寮曰頭曰助　民部省曰卿曰大輔曰權大輔曰少輔曰權少輔　主計寮曰頭曰助曰權助　主稅寮曰頭曰助　兵部省曰卿曰大輔曰權大輔曰少輔曰權少輔　隼人司曰正曰佐曰權佐　刑部省曰卿曰大輔曰權大輔曰少輔曰權少輔曰大判事曰少判事　司獄司曰正　大藏省曰卿曰大輔曰權大輔曰少輔曰權少輔　織部司曰正曰佐曰權佐　宮內省曰卿曰大輔曰權大輔曰少輔曰權少輔　大膳職曰大夫曰權大夫　木工寮曰頭曰權頭曰助曰權助曰大工曰權大工曰小工曰權小工　大炊寮曰頭曰助曰權助　主殿寮曰頭曰助曰權助　典藥寮曰頭曰助曰權助曰醫師曰醫博士曰權醫博士曰鍼博士曰

權鍼博士曰侍醫曰權侍醫曰女醫博士曰權女醫博士　掃部寮曰
頭曰助曰權助　宗人省曰正親正曰佐曰權佐　内膳司曰別當曰
正奉膳曰典膳　造酒司曰正曰佐曰權佐　采女司曰正曰佐曰權
佑俱男官曰典侍女官也　主水司曰正　彈正臺曰尹曰大弼忠曰少弼
忠　左京職曰大夫曰權大夫曰亮曰權亮　右京職曰大夫曰權大
夫曰亮曰權亮　東市司曰正曰佐曰權佐　西市司曰正曰佐曰權
佐　東宮曰傅曰學士　春宮坊曰大夫曰權大夫曰亮曰權亮曰大
大進曰權大進曰少進曰權少進　主膳署曰奉署膳　主殿　曰灑
掃　主馬　曰掌馬　主工監曰修造　齊宮寮曰伊勢神宮官曰賀
茂女院官曰賀茂秋院官　修理職曰大夫曰權大夫曰亮曰權亮
勘解由曰長官曰次官曰判官曰主典　鑄錢司曰鑄錢官　兵庫寮
曰頭曰助曰權助　諸國官曰國守曰權守曰大介曰權大介曰大丞

曰權大丞曰少丞曰權少丞曰大目曰權大目曰少目曰權少目　鎮西太宰府曰帥曰權帥曰大貳曰權大貳曰少貳曰權少貳曰太監曰權太監　西海道府醫陰兩道大唐通事官左近衛府曰大將曰中將曰少將曰將監曰將曹　右近衛府曰大將曰中將曰少將曰將監曰將曹　左衛門府曰督曰佐曰權佐曰大尉曰少尉曰大志曰少志　右衛門府曰督曰佐曰權佐曰大尉曰少尉曰大志曰少志　左兵衛府曰督曰佐曰權佐曰尉　右兵衛府曰督曰佐曰權佐曰尉　左馬寮曰頭曰權頭曰助曰權助　右馬寮曰頭曰權頭曰助曰權助　征夷使曰大將軍　鎮守府曰鎮東將軍曰將監　施藥院曰使　倉穀院曰別當　檢非使曰廷尉　大理曰別當曰左佐曰右佐曰左太尉曰右太尉曰左少尉曰右少尉　勸學院曰別當　學館院曰別當　奬學院曰別當　淳和院曰別當　內教坊曰別當　大歌舞頭曰別

當　殿上曰別當　藏人頭曰五位藏人曰六位藏人曰非藏人　記錄
頭曰文殿曰執柄家

日本一鑑窮河話海卷之一

日本一鑑窮河話海卷之二

奉使宣諭日本國新安郡人鄭舜功纂敘

疆土

備按日本為濵渤海東之島宇渺居良嵎大島有三曰耶馬臺島筑紫島阿波島中島有六曰志摩淡路壹岐對馬佐渡隱岐而小島嶼紵九島旁不可悉記諸島之中東盡陸與西盡大隅南盡土佐北盡隱岐緣袤四萬五千三百七十四里東西距三千八百七十里南北距五百三十里（按彼一里凡六町若中國一遞舖程）島為中國東藩籬漢書本地在韓東南魏晉隋唐有開未悉宋史始載五畿七道六十七州三島宇五百九十九郡鄉凡三千七百七十二户可七萬餘課丁八十八萬三千三百二十九驛四百一十四國書開載國郡鄉村里田地佛宇神宮大家男女員數目錄國六十六島二郡六百一鄉九萬八千村九十萬九千八百五十八

里四十萬五千三百七十四田八千萬九千八百十五町二段三步地一十一萬七千一百四十六町二十三步佛字二千九百五十八神宮二萬七千七百一十三成宮神三千七百五十不成宮小神一萬九千男一十九億九萬四千八百二十八女二十九億四千八百二十備接

其國圖書夷王用明始置五畿七道六十六州三島通計五百九十九郡夷王文武以六十六州更名曰國壹岐對馬亦各名國各部二郡多藝等島不稱焉夷王聖武以陸奥九郡分作五十四郡通計六百一郡今郡六百一十五不記何時增設焉田除對馬之田未計外今通算至八十九萬八千五百六町每年賦稅該國解納於都以為京官之俸倉部徵收運納稽進勘解由司舉劾之夫驛之設水則舟檝津送陸則車馬往來驛夫者其名飛脚驛騎者其名傳馬凡諸使人飲食供奉各有常等支費不輕其諸列國或有鬬争惟防敵國間諜者其他使人事不

廢弛至於國郡山川海島田數及地方名號而頗詳於颱島新編若事詳悉夷有日本涓圖定境文

城池

備按漢書國有城柵持兵守衛隋志無城唐書亦然木柵有之池則無言矣審此夷島多無城池惟山城者山為城也國書城郭四阿屋抑其臨口而稱城者凡廿餘處夫此之城聯木為之其名木戸一名木構兵守其閒夷中列國設值戰爭則必構木以為固守之計無常木構焉

關津

備按日本關津多設守備夫關者其都四垂設立頗多夫守口之於兵庫為其都西兩緊關和泉之於土佐則有探暴關攝津之於讚岐則有野島磯關豐前之於長門則有赤坎關豐後之於土佐則有坂關土佐之於日向則有佐嘉關山城迤東土地居多坦蕩寬平有鎮守府鎮東

將軍又征夷將軍居之府東之地名曰關東為大關防而出羽之於陸奥又有白河關也西緊關者則有太宰府（即西守護所謂探題所也）又王使入朝所

齋文移必由府中掛號府謂文司關有大唐通事以俟

天使往來昔夷太宰開府筑前後移周防此必擇人以為之而平戶壹岐對馬皆夷域西之島為朝鮮之大防也及硫黃島亦有守備探題者若

夫問津堺江可濟椿泊兵庫可濟湊柏島可濟釜江紬島可濟滐港鳴門可濟明石上關路渡足屋為夷都會之要津西棒津渡天堂緣乎明越之關徼泛朝鮮對馬切近渡鴨綠若狹徑亭平戶亦近淮安陳錢正對五島去琉球津從屋久入中國極近硫黃其渡朝鮮松本博多窮對戶（戶一云門）入朝中國硫黃五島達寧波巳上關津記其大畧餘未之聞

橋梁

備按橋梁夷中列國亦皆以木而作也至於山溪則架長虹若夫山硼

則多獨木矣

道路

備按日本道路自其都會八口九條通達四境夫彼路途猶如中國北方街衢若由大隅去其都猶如中國江南山路山城去關東路通小大之車土佐去其都則皆羊腸之徑之徑蓋緣取便於舟而人莫開導也

室宇

備按漢書居處宮室樓觀唐書草茨而已抑宮室高而峻故俗以屋形居稱親王刺史猶言如屋高大而能覆及於物也其王居皆稱宮殿列國守室亦以宮殿而言之官民稱呼亦皆曰殿惟國君儲居稱曰舍又各名壺其為屋梁柱方門扇薄蓋多以板如鱗次疊高尺許橫卧破竹於上大石壓之雖雨大作而少滲漏夷云板蓋者效秦咸陽也如此莫不本於徐福矣小島諸屋多覆以茅唐書是也惟僧寺宇間有瓦蓋原

土斤墳之不易陶故也其山居有土覆者名曰赤土小屋謂賤人居凡宮室間於椽之上平之以板去地不兩尺而板之上稻穰為薦編藺為席席㡧薦上緣以文皮或以花布鋪平遍板之上席地坐卧人凡入室必先脫履於門外跣足而進茅土屋下亦平以藁薦席覆之通國皆然父子兄弟莫不異居抑有產屋凡婦將臨經水必先獨處於產室貧家產屋為茅覆者僅可容膝自炊獨宿潔淨歸家夫屋成材中間事物各有同異一併詳言

曰殿曰宮曰舍曰壼曰戶曰樓曰院曰坊曰門曰寺曰館曰店曰屋曰庵曰室曰房曰軒曰臺曰所曰竈曰局曰閨曰庑曰廂曰窗曰牖曰亭曰扉曰屏曰墻曰塀曰廐曰棚曰閫戶限曰桁曰蔀覆暖障光物曰樞曰礎曰椽曰棟曰背曰栾梁曰楣曰侍曰扃曰梴曰梲曰閣曰枅曰萱曰覆曰組曰釘曰瓦曰簬曰楒曰櫳曰杵曰稭曰穰曰垣　曰橐所曰

塔頭曰寢殿曰贄殿曰渡殿曰釣殿曰局所曰蟇俣曰裏板曰棟樋曰方立曰棧木曰虹梁曰宇立曰日隱曰拉屋曰鼠走曰懸魚曰枝戶曰妻戶曰鰭板曰脇戶曰引木曰織戶曰肱木曰板敷（椽）曰部屋曰立柱曰礎居曰上棟曰長對曰軒端曰破風曰足代曰檜皮曰搏風（背屋板）曰押搏曰扶持曰對屋曰階隱曰眠藏（臥房）曰棧敷（棧房）曰廊架曰遠垣曰雜地（庫）曰簀子曰筑地曰風呂（湯殿）曰後架（小便所）曰僧司（溷）曰車宿曰叉庫曰總門曰背戶（後園）曰見世曰天井曰鴨柄曰唐居曰長押曰飛簷曰叉木（椽）曰木舞（椙）曰楊子曰連子曰狹間曰帳臺曰遣戶曰束柱（短柱）曰高欄（檻）曰梓木曰决入曰襲立曰檜曾曰足堅曰直木曰甬木曰扠首曰釿立曰精鉋曰厨子曰把瓦曰簗垣曰射垜（一云鴟山梁也）曰緩入曰客爐曰瑾端曰錐木曰廊廡曰蝸室曰前栽曰木搆（一云木戶即城）柵曰冠襲竹曰棈障子曰小格子曰科木舞曰足堅木曰門冠木曰

飯間蓋一云二階盛飯所也架曰梁守方曰持佛堂曰圍爐裏曰四阿屋曰塗籠

竈土民所居曰垣生小屋土民所居曰赤土小屋賤者所居

人物附言土産

備按漢書本島之夷不淫不妬俗不竊盜少爭訟隋志質直有風雅夫

夷之善如此及按羸蟲錄異域志考畧諸書皆曰倭夷狙詐狠貪目為

寇盜憎若禽獸夷今去古雖云世遠種類不易何相反之如是哉自奉

宣諭暑往寒來復其山川按其人物知土産夷身間多毛腳半跣躧足皆

短小本性慕義善與不善身由地氣之感生教本自師之好惡至接僧

俗知書者筆談之間諭以善道其果慕義豈非天理所在耶及按國書

人物夷復筆談皆昔夷中好人向入書編不忘於世今夫好人願被

文化圖從編續莫不哀矜救世觀音可為編首百工諸藝為夷好人原附

錄者仍不遺錄我後使人知其善者可為續編凡筆談明其好惡亦是

啟勸之道也

聖德太子夷王用明第一子前生支那之南岳號稱惠思禪師因達摩指南出生日本號聖德太子有六異名因生廄戶故曰廄戶太子用明愛之居南宮上殿故曰上宮太子八人奏事一時八聽故曰八耳太子又曰豐聰太子又云耳聰睿明仁恕故曰睿明太子誅夷守屋而建佛法洪基又宋史云聖德太子年三歲聞十人語一時同解之七歲悟佛法於菩提寺講聖鬘經天雨曼陀羅華國書作法十七條行於國號稱救世觀音

鎌足大臣夷王天智時人其先天兒屋根命之裔家於和泉高市郡或云常陸人乃誅入鹿大臣者其為多武之草創

淡海公即不比等也鎌足之子亦母海人故曰淡海公為大和興福之草創

入鹿大臣夷王天智時人蝦蛺之子

柿本人丸天智天武之時稱大寶比人

役行者或曰役小角賀茂人姓役公氏年少才餘去家入葛城山往持孔雀明王咒采五色雲優游仙府驅逐鬼神以使令其俗令云山臥者役行者之末流也

山邊赤人聖武博時神穎比人

吉備大臣夷王元正之時遣使入唐欲讀野馬臺文詞義難曉蜘蛛引絲而教之蜘蛛者泊瀨觀音實助也吉備大臣有唐詠和歌

大政大臣名道鏡稱道鏡法師丹州弓削里人後入洛號弓削法王乃夷女王孝謙之夫國書云馬陰過量可笑

融大臣夷王嵯峨之子于居十二樓又云十二樓始受其王賜姓源氏

輕大臣國書本人奉使入唐支那之入飲以不言之藥身作彩漆頭戴燈臺而燃火即名燈臺鬼其子弼宰相往而尋父時燈臺鬼流淚嚙指以血書云我元日本花京客汝是一家同姓人為子為爺前世契

隔山隔海戀情牽經年垂淚達蕭宿逐日馳蘭菊親形被化鄉作燈思爭歸田里寄此身思

小野篁夷王嵯峨時人官至參議峯守子息破軍化身輙常往還於冥途

小野道風小野篁之子世尤好書

淨藏貴所家山城乃諫議大夫善清第八子延喜時人四歲讀千字文聞一知二十二歲出家為天台慈學弟子中齡草創雲居寺落墮後行力不衰祈鴨河而逆流祈八坂塔而不傾戒新辟崖桃實飼諸子奇異甚多不違故舉

定家歌者後鳥羽院時人

金岡畫工一條院時人姓巨勢官至大納言孫磨法眼弟子

定朝朝一作明乃佛工後一條院時人位至法橋上人工人納位自定朝始

運慶佛工後鳥羽院時人

湛慶佛工運慶第子

安阿彌佛工運慶弟子

鬼神大夫姓平康乃刀工稱紀新大夫作刀時鬼神助鍛故名

藤長慶其先武臣子孫今為山城刺史公道服衆夷國咸敬之

長野三郎夷中學子見書必讀世稱與才人其學校間稱為文學之首

珍寶附言土產

備按漢書土產白珠青玉丹玉晉貢大句珠隋志夜光珠唐書永徽初入貢琥珀大如斗瑪瑙若五升器宋史所載土產金銀端拱間進青紅白水晶熙寧間獻白琉璃等物臨海水土志地產銅鐵國書土產金銀銅鐵等珍寶覆詢本產備入書編市他國者不為之贅

金出陸奥銀出陸奥但馬石見等處鉛出於金銀礦中俗稱倭鉛銅出山城石見俗稱倭銅鐵出豐後越中越備中陸奥者
佳可為刀不可作鈹盖鍒鐵也青玉土產東方白珠間出鮑中又大村津珠出蠣蝗中水晶出近江有白紅三種青琥
珀地多古松故有此物瑪瑙出大和玻瓈出本國東北之地缸出石見丹土地多有之硫黃出硫黃筑紫等
島大小琉球各產之金剛沙出河内可磨玉白砂種島大隅千湊博多伯耆陸奥皆有之碁子出豐後海曲中白者蛤蜊
黑者石也王斤墳而難陶故居鮮丸盖之土甸可陶常為飲器也尾張青礞石出山城紫石出近江長門可為硯
金章夷言神璽又國書云本朝三種神器其三種者二為漢魏之賜一為永樂之賜皆藏於日本國王之宫房猶言后宫也
銀章漢魏所給朝使者今藏於夷臣石上家石上者即石野守也勘合洪武永樂兩給賜凡入貢必以勘合為憑夷中別國請求
奉使必內銅錢一千貫價值白金四千兩其一餘闕節費餘萬金乃給勘合遣使入朝華文中國文字夷世寶藏之如南金
拱璧藏愈久愈而價愈高銅錢宋史銅錢乾文大寶元史遣商持金來易銅錢國書私錢司罷鑄已久惟用中國古錢每錢一文價銀四
釐向者福建龍溪地方私自鑄錢市之私鑄市之彼中彼重中國之錢不計龍溪之偽

草木附言土產

備按漢書土宜禾稻麻苧蠶桑以氣溫暖冬夏茹生魏志狗邪韓國筑紫

島多深林瀚海國竹木叢林差有田地耕猶不足食末盧國草木茂盛行不見前人杜氏通典載有姜桂橘椒蘘荷臨海水土志夷洲土地無霜雪草木不死既生五穀一統志云冬青木多羅木杉考略少麥菜冬夏生歷按夷島在我東南者冬夏茹生固有之島在東北冬無生茹既詢其人仍覽其書因其土產者悉為之錄

曰松凡二鍼鍼麁猶如天目松曰別牙松凡三鍼曰五葉松凡五鍼李唐時新羅曾進於中國其名五粒松曰羅漢松其名楨又名伊吹木武林有種名寸金新安有種名雀榧日本之種葉長過寸金葉瘦過雀榧溫州謂櫸廣西謂掾也曰牡丹其名鼠姑一名取草又名二十日草曰蘭其名原野挺草曰酴醾其名山吹又認為款冬花錯曰水仙其名雪中花花開疊辦曰芙蓉其名仙翁花本花初生仙翁寺故名之曰牽牛花其名朝顏曰槿亦名朝顏曰蓼其名水龍曰萵苣其名立苣曰蓳曰天竺其名南天竺曰穗宋熙寧間僧誠曾進木穗子曰石榴其花疊辦者花中含蘂復開花曰梅其名鶯仙一名鶯宿梅花此生於後鳥羽院時後鳥羽者夷王先後之號也於時京洛四條院即林光院址之間有寡婦園植梅一株紅白相交每春鶯宿於上後鳥羽聞欲遷植之婦作倭歌答夷王歌畧云勅最賢鶯宿問如何夷王感

歌羅遷之曰桑越中多植之曰大茴香其樒名曰桔梗其有青白二種花開晝瓣曰柹其名大寡一名木練
又名木淡也曰八仙花或即繡球花彼秋花也曰溫州其謂橘原自入朝移種者曰福州未詳何物原自福州
移種者曰漢竹原自漢時移去者曰躑躅羊食則斃花曰醉馬木馬食則斃葉曰扶桑一本花二
色大紅粉紅者有一朶花二色者曰核桃胡桃實小曰楓葉細可觀曰菓其名推曰鳳尾蕉其名蘇鐵廣東
之南雜江西之南安浙江之溫州等處多有之彼葉細密爽云多產琉球島嶼中曰芭蕉其有紅花花大於螢曰漆寶可為
油作燭堅燒曰山檀廣東之種有二紅者名山檀白者名玉樓春粉紅者名錦樓春曰梔子其名無口一名蛇滴花謝
之大埔縣古蹟曾見之梅山檀梔子皆與廣東相同故漢書云地與朱崖儋耳相近疑似地之所宜也曰菠菱多產海濱沙地曰
甘蔗近之有曰蘆菔圓凡八九寸長約二三尺此不堪食曰黃精其名小薑曰花椒其名山椒山野自生
曰蔓菁其名大根曰赤莧其粒飽肥曰西瓜近有之向青門東門之說曰冬瓜其名鴨瓜曰匏其名瓢簞
一名鸚鵡曰海藻其名神馬草國書國母之號時舟中乏芻取以抹馬故名神官者攻異域曰海苔其名青海
苔曰裙帶其名昆布長大過帶多產陸奧邊海裙曰海萵苣長三四尺浦之海水色黑本脆多產松
曰瑞香種多白花曰菱其名角草曰竹木竹葉本身種別有名曰纏枝蓮藤屬相類蔵蕾仙夏開白花圓大不

六寸花如疊瓣蓮多產日向種有別名渺之松陽人家有此花曰卯木初夏甚花此木未詳曰白膠木國書聖德

太子以此木刻四天王曰白膠小荳夷王文安時自天雨此藥類白膠故名曰秬其實黑夷王崇德時自天雨此

曰羊附來昔航海者市羊毛種從毛中附來故名曰藹朶正月用之曰禁五月用之曰梶俗七月七日採葉題

詩歌以獻二星又以識謂之梶曰杉非杉乃杉杉樫欅其名榴曰構曰神曰榁自椕梲榴欅神榁考之玉篇無此字

曰不木一名雞冠木曰龍腦曰興渠曰葱曰茖葱曰鳩酸草曰鼠尾草曰露

草曰萹曰昆若曰零餘子曰續隨子曰狼牙曰辛胡麻曰吉茗曰茶曰

蓋曰芹曰土筆曰薢菜曰菝曰芍藥曰芝曰蓮曰百合曰山葵曰蜀葵

曰龍葵曰菖蒲曰杜若曰石麥曰萱曰刈萱曰茅萱曰蒲桃曰女郎曰

紫苑曰荻曰萩曰蓴曰蒜曰澤蒜曰韭曰薤曰山茨菰曰薏苡曰菅莎

曰萍曰芡曰蘭曰秪草曰葎曰茜曰藍曰茺蔚曰通草曰藜曰蒴藋曰

茱萸曰蘗曰烏頭曰枸杞曰香附曰茯苓曰茴香曰荊芥曰艾曰蓬曰

蒿曰莢曰薯蕷曰羌活曰獨活曰蘘荷曰生薑曰澤瀉曰牛膝曰白芥

子曰野莧曰芹曰薇曰蕨曰大麥曰小麥曰蕎麥曰早稻曰晚稻曰私稻曰粳稻曰糯稻曰稗曰菉荳曰青荳曰白荳曰黑荳曰黄荳曰蠶荳曰刀荳曰扁荳曰角曰荳大角荳曰茄子曰蔦蘿曰葛曰鳳尾竹曰瀟湘竹曰苦竹曰虎杖曰李曰檀曰梧桐曰椩曰楠曰楝曰枇杷曰海棠曰桃曰杏曰梨曰槐曰梓曰棗曰柚曰橙曰金柑曰蜜柑曰楊曰柳曰樫曰茅曰榛曰粟曰私粟曰糯粟曰私黍曰糯黍曰私穇曰糯穇曰銀杏曰木樨曰烏臼木曰楮曰榧（實小）曰柏曰槻曰合歡木曰楊盧木曰檜曰辛荑曰檄欄曰石南花曰楸曰朴曰厚朴曰櫧曰椶曰檇曰樗曰榎曰西海子曰皂角曰椿曰茶曰海桐曰柘曰榕曰樺曰樟曰冬青木曰山茶花曰金鳳曰茉莉曰紅夾竹桃曰菊曰蘋曰荇曰雞冠花曰蘆曰苧曰蘇曰木棉曰馬蘭曰牛旁曰芫荽曰油菜曰莢蒁曰芋曰山苦蘧曰紫蘇曰苦蕒曰絲瓜曰王瓜曰苦瓜曰櫻桃曰楊梅（實小有紅白紫三色）

曰羊棗曰山查曰羊桃曰甜株曰林檎曰芰曰茯神曰薄荷曰商陸曰川芎曰半夏曰南星曰人參曰天門冬曰麥門冬曰海風藤曰威靈仙曰吳茱萸曰山茱萸曰金銀花曰秋鈴香曰虎莿曰藁曰篠栗曰石檀曰樆曰杜曰檍曰榎曰五茄曰檞曰寄生曰楉曰棐曰蘆葦曰蘡曰蕭曰防風曰貝母曰麻黃曰射干曰萹曰薔薇曰龍膽曰三稜草曰羊蹄草曰酸梅草曰榆曰柀曰樅曰長春曰忍冬曰懷春曰王孫曰龍葵曰劇草曰和禮香曰寶含木曰坦衣曰女貞曰牀子曰賴子曰胡子曰水蔥曰搗栗曰擴麥曰藤曰菓耳曰苛莨曰葥葵曰雞冠菜曰期菜曰甘苔曰神仙菜曰鹽苔曰水苔曰海羅曰海松曰菁菊曰椺曰桯曰火衷木曰榜曰榻曰令蘄曰菫葵曰菌曰蘵曰萠綠曰白袧曰和布曰心太曰鵠布曰海髮曰海雲曰陟苔曰布苔曰石蒓曰小蔆布曰多羅木

鳥獸 附言土產

備按漢書地無牛馬虎豹羊鵲南史山鼠大如牛又有大蛇吞此獸蛇皮堅不可斫其上有孔乍開乍閉時或有光射中之蛇則死矣宋史水牛驢羊犀象臨海水土志有犬尾短如麕尾狀國書夷語無大鳥白鷳鳥鵝鵲孔雀鵝鴨水牛驢騾猪羊犀象虎豹惟平戶島有觀音祠神誕之際間有神虎出焉啗人畜而後隱抑彼蜆蟲有種同而名異者因其所有得知者一併詳述言

曰雞木棉村鳥曰杜鵑時鳥曰鷗都鳥曰鵜諛鵜名曰鶯嘯次鳥曰鵚鶏曰榛喚鳥子曰蜻蜓秋津洲曰鼬鼠狼曰鰕海老曰鷦鷯溝三歲曰鳩子生於浮巢曰安持村鳥籍村名未審種族曰秋沙河鳥種族未審曰狐野干曰鱵海亂鬼皮可為刀鞘曰蜘蛛蓀蠞曰蜈蚣百足曰翡翠碧玉一名雪姑曰鷺雪客曰鮑即石厥蠑曰鮫皮可為刀鞘曰蛭土產極多曰牛生產島野用索圍絆取以耕載挽車老則縱之曰馬生島野間接後之島古名野馬槖疑多產馬故名之俗之取馬以索圍絆歸而破鞍其山多石馬難於蹄其俗載重故馬易衰曰鯊虎鯊化身長能食人畜曰海

鬼大隅部曲之種島間有山澗流接諸海夷臨水浴或不見形衆扞撈之巳被鬼唼腹腸矣詢其鬼長不三尺命門有四四水盈則多力四

水鵠則力綿或登走山原是夷可獲曰海魍魎水中妖孽禍淫婦女未聞形容故俗女兒輒以玄丹抹額魍魎不敢犯曰海

竹介屬圓徑寸餘長五六寸殺褪黑衣白肉可食曰鶴曰鶖曰鷹曰鷂曰皂曰鴻曰鷹曰雉

曰水雞曰燕曰羱羊曰獺曰豺曰狸曰狗曰犬曰野猪曰猫曰鼠曰果

鼠曰土豹曰蝙蝠曰蜥蜴曰蚯蚓曰蟹曰石蟹曰蜆曰海馬曰海狗曰

海螺蛸曰鼃曰鼉曰蛟曰龍曰阿金螺曰川山甲曰促織曰螽曰蜒蚰

曰蟲曰蠶越中養之曰蜂曰蟻曰蠓曰蛙曰蛇曰蝗蟲曰螻蛄曰蝴蝶曰

蟬曰潛龍曰蛣蜣曰蠅曰蚕曰虱曰蟣曰騶曰蟭螟曰螟蛉曰螢曰螳

螂曰鵪鶉曰鴛鴦曰鷺曰隼曰鵲曰鴿曰鴂曰烏小者曰鷯曰熊曰麞

曰麋曰麂曰麖曰鹿曰兎曰山豕曰鯇曰鮭曰鯛曰鰡曰鮒曰鰹曰鰌

曰鯰曰鰨曰鯉曰鯖曰鯣曰鮸曰鯵曰鯽曰鯑曰鰻曰蟶曰辛螺曰鮹

曰鯷曰烏戈曰海蟠曰鱸曰鰶曰蚌曰蛤曰牡蠣曰鮐田鮢曰鰹曰鮻

曰鱒曰蜷曰鮻曰蟋曰鯋曰鰍曰鰡淡水魚曰鰩形類鰡長不滿尺雙翼越尾凡寸餘西海屋久等島海洋之中多有之曰海鮑曰醉魚人食則醉

器用附言土產

備按此夷良有備器初載漢書次見隋唐宋史書志考畧諸編及按臨海水土志此夷舅姑子婦共一大床畧不相避覆按漢書云夷父毋兄弟異處惟會同男女無別考畧亦然又云坐卧編草為薦雜皮為表緣以文皮席地坐卧不設几案床帳按彼有几帷小几以為儒僧修書誦經之用案向不設床原無床床謂眠藏眠藏者即我所言卧房也帷帳衾物永樂時賜其國王夫帷帳近來間有之又按無衾有寢衣彼云宿衣又謂打眠衣也而枕多木匣兩頭有孔匣內焚香煙出焉若夫冠冕章服方袍袈裟衣襪靴履器皿之類入朝授賜或市而往難以悉記仍以所聞備錄於後雖夷用器未詳所出項下無註及未知者不入書編

曰神器金章漢魏永樂三給賜詳珍寶曰銀章自漢魏給賜使者詳珍寶朝曰勘合洪武永樂兩給賜詳珍寶

曰文夾條圖夷王族譜曰世譜夷王世紀曰曆度牒乃其戒壇延曆寺給度諸僧者曰紙豐後越前皆有之按其紙材皆用山杂之皮其材堅善非繭作者曰表紙曰襪紙曰鳥子紙色如鳥卵故云曰反坂古紙曰懷紙一云會紙曰宿紙一云紙屋紙薄而黑公家所用紙出甲斐曰輕黃紙佳紙也出播摩

曰雙紙曰色紙曰檀紙曰修善紙寺一云薄紅紙出伊豆曰疊紙女人假拭之用曰杉原出產紙處故名之曰薄樣曰打曇及有白楮魚細之稱白麻曰硯石出近江長門及有鄰瓦硯沙馬蹄龍淵陳淵之稱曰筆出山城管小奈書海市羊毛而作宋端拱間進鹿毛筆〇及有毛穎兔毫鼠鬚鼠尾黑蜀公毛錐管城公中書君之稱曰墨出大和東大寺燒煤為之漆墨退光宋端拱間進松烟墨及有麝煤油烟玄雲之稱曰金出陸奥及有關浮檀金之稱曰銀出陸奥但馬石見及有南鐐之稱曰銅出山城曰赤銅曰鐵出豐後越中備中陸奥者佳

曰釭出石見曰鉛出於金銀礦中曰汞水銀也其為流金燒砵升粉之用宋元豐時曾貢此物本土不產入朝市去及中國市去者曰鑞錫也一名白鑞本土不產曰珠魏晉時貢詳珍寶曰玉曰鍮石曰磁石曰青礞石出山城曰紫石出近長江門可為硯曰玻璃出本國東曰琉璃曰硨磲曰瑪瑙出大

和曰珊瑚本土不產曰琥珀曰水晶出近江曰錢昔者自韓今用中國古錢及有香錢禮錢皆僧中所
言又有鵝眼孔方兄青蚨用途用脚之稱曰剔金曰剔紅曰圭璋國王用之曰儀仗陳御夷王之用器
曰堆朱曰堆紅曰金絲香合曰建盞曰烏盞曰馬上盞曰瓦杯則一土坯一飲
而棄曰菱花臺曰椰子杯曰玳瑁曰豹皮曰虎皮曰氈茵氈毯也曰馬背氈
已上五者本土不產入朝市去曰獺皮出陸奧曰屏風曰衝立障子曰古銅花瓶俗名軍持
曰爐金鴨鴨睡曰龜鶴曰燭臺已上四者列國多鑄河內爾佳曰香合曰富士籠或作卧籠
曰香匙曰火筋曰筋削曰梓木以為之而頭尖利一用而棄曰茶提曰印籠曰食籠曰樫
靴曰唐櫃曰懸子曰葛籠曰破籠曰鬚籠曰籠筒曰柳莒曰外居或云行器
曰椀鐵木而作用紙灰布或漆珠紅或黑退光曰楪曰豆子曰皿曰御器曰引入曰合子
曰瓦器本土難陶故少此物曰鐃磁茶碗之類接彼用者磁皆由入朝市去者曰桔梗皿曰折敷曰
追膳公卿曰衝重曰緣高曰菓子盆曰托盆猶木素也曰方盆陳此代凡曰再
進鉢曰末那板梵語云魚或謂炙魚之器曰庵丁刀名又屠兒名曰笊籬味噌漉也曰臼

曰杵曰斗大如中國三斗斛曰概曰升十一升合三曰榼樽榼同倭常言榼曰瓶子曰
提子曰壺錫磁者皆由入朝市去餘多提桶以代之曰銚子曰菜桶曰涌桶國書文章可笑
曰鍋廣東之鍋西番商人有市往彼者曰釜曰鼎鼎倭作鼐列國多鑄河内頗佳曰煎盆曰紘鍋曰飯
銅曰鐵輪曰甑曰摺糊曰盉倭指擂盆曰鑵子曰藥刀曰藥礶曰湯瓶曰
茶磨青礫石為之出山城曰茶篩曰茶椀陶出尾張其色黑彼無美陶故此價高曰茶筅曰茶巾
曰茶酌曰茶桶曰擂茶曰茶壺曰茶器曰頭切一云十切茶器口藥研曰焙
爐曰風爐曰炭斗曰漉水囊曰橡盥曰釣瓶曰捲器曰燈籠曰行燈曰
挑燈曰短檠曰繡臺曰火燧曰硫黃出硫黃筑紫等島曰燈心曰蠟燭漆實取油而作
其色淡黃奈燒少淡曰烽火俗名篝曰紙燭僧中所言曰爆竹曰毬曰毬杖正月用之曰
羽子板正月小兒用之曰簺骰子國書夷王一條院與臣打雙陸接簺急呼四三心念目觀雙五轉羅成四三故來之俗謂
朱三朱四也比倭引唐之故事故云漢和皆有之和指倭也曰閪沽此分物也曰膓息龍自九曰楇謂入座俗謂車
具曰脚蹈曰泥鏝壁塗具曰砧曰尺鷹秤搖懸烏生子在巢子長食父父畏之還居去巢一尺之枝不養子故

呼尺為鷹柳日笏（俗謂手板）日扇（倭初無扇因見蝙蝠之形始作故蝙蝠宋端拱間曾進此按其作扇有淡者素箋水墨）
黃牛者佳日五明扇（國書云舜帝製造五明扇倭扇像形俗呼旋風扇）日團扇日城殿扇日鑷子
七枝日鉗日砥日梳（櫛也古竹今木大如中國之小梳端拱間奉貢有此）日篾（按被用篦皆由入朝市去者）
日簪（按被用簪削木鉗錫以成之）日釵（具）髻鬟日冠磯（冠殻也）日巾子（國書曰冠入髻處也）日角
冠簪日纓（冠後垂巾）日烏帽子日調度懸（烏帽子之繩緒也）日線紬（土作綿紬入朝市去）
九章（永樂時賜其王）日幅巾（唐時有之）日啄木（物緒也以絲組為之其色班班如鳥啄木痕故云又琴名流泉）
啄木日琴（有五絃焦尾焦桐之稱其琴等樂常陳紫宸清涼白虎內教坊）日琵琶（倭云琵琶撥替僧習之以抄化）日笙日
篳篥（一名悲篥本胡樂也）日笛日簫（尺八也）日羯鼓（胡樂）日枹（擊鼓杖）日大鼓（僧寺有之）
日征鼓日土拍子日磬日鐃日鈸日銛日華鯨（鐘也列國多鑄河內頗佳）日鐘樓
日鰐口（神前鉦也）日風鈴日柄鈴（一柄紆鈴二十四優旦乃持而搖之）日寶鐸（塔婆之具）日
九輪（塔婆最木）日龕（人座小室即斂屍輿）日棺（俗云斂屍箱）日位牌（神主）日廚子日佛
舍（也）龕子日幢幡（或書天照皇大神春日大明神八番大菩薩法場之內多用之海舶之上祈禱之海賊寇皆奉之昔諸夷入答

曰此先王也可疪賊乎為言曰今不禁止汝先王被其污也荅曰然曰華髮曰天蓋笠曰傘曰簑俗名簑
曰油單雨具曰木屐曰屐云又䭾曰藁鞋曰草履曰鼻高高又作荒履也曰舄
履也洪武時賜朝使人有靴履韈曰杖曰鳩杖曰卯杖夷王文德實錄云仁壽二年正月已卯諸衛府獻杖逐精魅國
書此引漢宮儀曰棒楊俗呼物杖撸曰觸杖厠具曰觸桶同上曰楊木梵網經疏去齒木
曰鋤曰鍬曰犂曰鎌曰斧考畧有撥斧曰斤曰鉞曰鐇廣刃斧也曰斵或作斧斧
曰鉋曰鑿曰鋸曰大鋸曰錐曰箬剌小刀箬受綎處簫曰鐵鏈曰釘曰鋌又云鋌
曰鑠曰鎖曰鑰曰鐵鍊入朝去者市曰撅曰杙曰杌曰亂椗曰遊筏木曰梯
曰兵草曰熊手曰鎗鐵有長短鋒有刀細之木竿皮鞘價亦高貴象曰矛曰盾曰旌旗戰場用之
戍以旌旗遣使隨事而書主者押字曰緄謂胞衣注云母衣謂子在胎內衣肥防毒武士臨敵戴此以防毒傷也曰鎧鎧也
甲也甲出小城大和豐後周防毛利等處胎或以皮胎多以鐵漆黑退光鍊以彩絲身體手足皆有所嚴名之其兄不入金及為貴
曰札鐵也鐵曰冑兜鍪也俗以冑為甲而冑出上野漆鐵懸纓纓喜紅謂火威冑物最拙者曰腹當甲也曰腹
卷甲也曰筒丸俗以身喻竹筒曰胸板曰總角曰脇楯昔夷王妻號神宮敵異國時妊懷體大鎧

國不及脆即以補隱俗武人倒以為脆補之故曰草摺曰籠手曰釬臂也鐩曰腹帶曰鉢卷曰劒曰草薙劒昔者夷王天照弟名素盞烏被配出雲時持十挺劒斬大蛇尾尾中有劒落得之初蛇尾劒時常有雲氣故稱素盞烏天材雲劒時素盞烏以劒納於伊勢神宮巫神云昔所遺者其後十二代夷王景行稱日本武尊時東夷叛東夷謂陸奧東島之夷也景行用巫請卜於天照賜劒征之行至駿河浮島原烏夷野燒拒之景行拔劒一揮四方一里草木刈薙其火自滅自此改名草薙劒自後景行化成白鳥飛去劒遺尾張熱田神社今此神劒其為三種之一歟曰鐔鐔也刀鼻也曰鞘鍬也鞢也刀房也曰鑓倭多用此字乃房之物也飾刀曰刀按倭作刀鋼鬆鐵脆故刀多利若製不精則多鈍而鮮有鈍者故刀以利為寶利刀者蓋以年久殺人無算刀鋒如初而不染血者傳之愈遠價重百千萬金如佩是刀航海者或遇颱風不已即以是刀為不祥價雖萬億即棄之海蓋取海不揚波矣彼之俗人凡諸出入必佩之長短二刀雖夜寐亦必置之於左右俗之造作利刀者千煉萬鍛以成之固知刀利又以不殺為寶如寶佩是刀至老不殺人則必置酒以命僚友親戚遺書押字傳之於子僚友親戚亦各具酒以慶之謂刀不殺而寶傳焉之子若孫亦復如是則刀之貴增重矣其佩刀者出入從草若或酗酒而爭露刀而侮其遺侮者多不與鬥言諸可殺則殺酗酒之人俗入佛教則不佩刀俗人剃頭佩刀亦卸以有善從心也惟頭陀有佩刀者夷俗下人罪犯死者出斬之際而俗多人乃以新刀争粉其身蓋示利鈍其輕生也如此凡生男女皆以刀為賀禮貧寒之家禮不能治以木為刀而贈之男兒五六歲以木為刀與佩之開使習技雖女兒有習此技者男兒漸長乃出入則佩

刀若入本君頭目之家必先御刀而後入刀有大刀長大刀中刀短刀挾中刀長鞘者此蓋美觀使拔也短者若中國之匕首也刀兵之屬柄
內有被年號及冶工之名可辨古今利鈍也刀有神者古之平乘號行平記新大夫作刀之時鬼神助鍛故云鬼神大夫此神刀也山城刀利
又庫刀者彼當魏晉以來日本諸王取彼通國刀工專於兵庫鍛鐵極精成名庫刀面銘八番大菩薩春日大明神等號此刀有傳於今者價
亦貴重相模美濃刀次於山城備前之刀亦次之刀之面有鑿誓不動明王摩利支尊天等佛號彼蓋以神刀誓不易殺其有蟠龍血漕者不
過美觀而已刀面凡有血漕者雖非上等刀亦不甚鈍周防寄刀有三焉一名斷鐵刀可斷鐵鐵者一名鸕鷀刀昔入有驅鸕鷀入海捕魚有鸕
鷀啣得故名之一名斷豆刀昔有貧人佩刀初不知其從何來適彼富人於途貨者佩之刀負豆而行袋纖綻裂遺落之豆皆腰斷於時富人疑
手貧者佩刀異常乃詐語之願結兄弟換刀表記富人得刀付工治之治刀時以鋒向腹腹腸斷從數道出再付他工以鋒向外而砥之刀乃
從草豐後之刀出於富賀田刀次於山城豐後權守名鑑續有一古刀長三尺許價值古錢七十萬計該白金二千八百兩其餘兵刀不及古級
曰裁紙刀（出長門兼常者佳）曰剃頭刀（出山城其市必便價錢三百文）曰弓（竹木膠漆以成之弓樣且長弦惟絲
竹）曰揚弓（小弓也）曰重藤（重或作滋）曰弦弰（弓末）曰鹰股曰弩（物之大者以彰木城之間
駕必五六人一發三矢中矢頗長）曰鏑矢（獨以竹為之加以銅鏃利且音多有竹木為鏃者）曰蟇目（蟇或作引）曰
征矢曰矢頭曰弩矢曰空穗曰箙曰尻籠曰的鞢曰金伏輪（伏或作覆）曰

鐙曰緫曰韀曰泥障曰轡曰鞭同策箠曰手綱曰差繩曰輿曰綱代捕魚具又
輿車所言也曰手輿曰涼轎禪家所乘按被轎如中國北方之製中可坐囲前後馬馳之方曰鋌曰篙竿同
曰箕曰鞆同刀具也曰車大車雙輪山城關東等處多以牛駕之小車單輪南島西島皆有之前引而後牽也櫕柳車櫕
柳葉以巾車也被無櫕柳櫕柳葉者罕有盛即大腹皮用此不知何取義囷曰轄三寸木曰韈鞔同曰舟舩舫艇舶
同被其為舟甚工合縫最密釘必轉脚不用油麻灰舩一橋而短易於眠堅旁多駕櫓無風用之去舟如飛貢船永樂之世貢船二艘宣德之
世貢船三艘永以為例故有三號船頭船有大小之別漁舫而小哨艇櫓多商舶不敢甚大以般海腹內多石蓋欲便於發駕也被舟也有龍
首鷁首浮家浮宅之稱曰帆草作曰纜藤作曰櫓曰械橈也又扭械罪人之具曰檝即舵也被云梶
又有梶木曰筏桴同曰槎博望乘之以窮河曰蓬曰網曰綱曰轆轤曰都僧僧名玄窗
往備中之湯川寺始作秋田驚鳥之物一云水器又謂搗米器試俗以物名僧都後歌云山田守僧都身哀秋終問人無曰引板
鳴木類鳥物也驚曰飛礫曰簾箔同曰翠簾俗謂御簾曰蝯簾垂席也曰疊或云盈席
曰高麗緣曰半疊緣曰剌席席與筵同筵席者裏以草薦表以蘭席緣以文皮或以花布通鋪屋下席地坐臥不
設几案床帳具惟方盆碁局文几而已曰棚襖幛子曰卓案几同几最低小名小文几左右翻閣如案狀惟翻經修

書者用之曰座牌名也曰簡曰翰墨筆墨也曰短籍籍或作尺曰反古舊文曰畫表補
繪幢補繪輪補繪物素繪也琴棊畫福祿壽畫觀音畫達摩畫馬畫牛畫蓋屬畫朝陽對月畫俗愛古畫惟小斗方其畫幛屏亦有大小也若
畫扇水墨黃牛頗佳曰棊局高不滿尺方廣尺許用榿為之棊子黑者石也產於溟渤之陽白者螺屬彼中海曲多有之曰棊
筒箴子器也曰引合曰龍涎香曰薰陸香曰藿香曰速香好者鷓鴣斑已上四香俱非本
產曰漆曰膠曰糯曰漿粉曰御衣木造佛材也曰獨鈷曰三鈷曰五鈷曰
杵曰鈴真言禪律御寸等具也曰火舍香爐曰橛真言壇上四隅小柱曰閼伽桶曰乳木
護摩用之土產白膠木作也曰檦壇上用之已上八種真言具足曰柱杖曰拂子曰竹篦打人杖曰
助老曰禪板曰蒲團曰辦香已上七種禪家用之曰物相分飯器曰食箱本國食箱下置二壺
上識食物中凡二椅吳越食箱皆夷入朝市去者曰幌打鼓幌曰帷曰幔曰氈曰襞衣襞曰螺其為
用兵之號今其來寇皆有之曰鑼近來市之於中國今俗鳴之以集衆曰擔杖俗呼為扮曰鏡觀時始腸向出
山城多以白金混銅為之夷故印文光瑩也曰金箔曰銀箔俱出山城其箔頗厚曰碁近來有之曰
漆器出於山城物甚精緻寧波蘇州所為漆器夷使入朝經過此地乃市之曰釣漁器曰滴器盛硯水物曰

黏曰鈎曰秤一觔二百五十目二百五十者二十五兩也曰馬蔦農器曰續松炬松明也小間燒此以
照夜曰胭脂紅花紫礦和研以成之出山城金箔曰粉或云紅粉又云胭脂曰輕粉水銀昇之出伊勢曰
硃水銀燒之曰手銃初出佛郎機國國之商人始教種島之夷所作也次則棒津平戶豐後和泉等處通作之其鐵既脆不可
作多市暹羅鐵作也而福建鐵向私市彼以作此曰硝土產所無近則竊市於中國遠則與販於暹羅曰藥材市物入朝市去
曰書籍儒佛之書入朝賜之致於醫書多市去者曰冠國之冠凡十八種大織為最隋煬帝賜其國冠云錦綾唐時朝使粟田頂
進德冠永樂時賜其國王源道義冠服通事冠帶至今稱之其親王冠賦色純黑樣如中國食麩餅餞國守臣民則一束髮冠皆竹為之單以
黑漆飾品用之正德之世周防國守姓多多良名義隆得請遣使入朝乃侍冠裳以歸是守識用之僭頂西摺帽裳頂端公帽喜毘羅帽小總
紗帽俗謂如牛角而不喜頂也俗有頭巾俗人山卧所頂也曰履草履平於足掌皮席之履如足掌齊接洪武以來賜夷使人韈襪
曰脛巾一云足裹束織席為之遊獵曰韈一名踏皮鹿皮為之兩包於踝曰帶有編者有織者接永樂時賜帶
與其國王及通事曰暖手一名手覆鹿皮為之蓋其西北之地冬月苦寒便於策馬提鷹遊獵也曰吳綾昔自吳中得織
藝歸始作綾故曰吳綾一名吳織曰錦惟其國王王妃出用之婦女優人僭用之曰明衣沐浴之衣其作甚長不欲裸體
曰金襴曰金紗曰金羅曰北絹曰段子曰繻子曰木棉入朝市去者曰羅曰

羅皂曰綾羅曰錦繡曰精好素紗曰印金梅花（梅花紋絹也）曰縠（縐紬縐紗）曰袈
裟（洪武初賜使袈裟）曰明孔曰割截（二者袈裟法式也）曰種子袈裟（納袈裟也）曰紫甲曰
青甲（二者皆鎧衣也）曰袍裳（唐時朝臣稟田衣紫袍宋時賜使紫方袍）曰橫尾曰鈍色曰表袴
曰袙直裰曰素絹（已上十一種皆聖道家所用也）曰褊衫曰褊裰曰裳（已上三種律家所用也）
曰衫隔衣曰掛落（落或作絡）曰裙曰帽子曰打眠衣（一云他兒衣一云宿衣寢衣也）
曰平江條（昔自姑蘇市去者已上七種禪家所用也）曰長絹曰水干曰大口曰直垂曰布
衣曰裝束裾（衣後拖者）曰狩衣曰肩衣曰乳隱十德（俗所用也）曰維（衣名）曰細
美大布曰被（衾用有之）俗鮮曰平包泗洲（平包和尚始作者故名）曰補襠曰韃曰韈曰
袷（衣無絮）曰綿（頗出越中多是入朝市去者）曰纊曰絮曰肚脫曰涎懸曰襁曰褓
曰指懸組藥玉（五月五日小兒袖懸之一名長命縷又名續命縷以五色線為之禳惡鬼也）曰犢鼻褌曰膺
袴曰脚絆曰行纏曰汗衫曰篠懸曰襷輪（車具俗謂之領名襷輪）衣曰裱曰袖曰
袂曰領曰法被曰裩曰打敷曰水引（袋同）囊曰手覆曰踏皮曰幕曰木蘭

地曰經曰緯曰函櫃曰衣帳幪也曰蚊帳鮮有之曰鐵曰絨曰大紅線曰
唐緞曰紗曰統已上六者入朝市去曰貫堂曰摺衣曰韃曰小袖曰生衣曰升
帛曰地單曰熨斗曰梭曰機

日本一鑑窮河話海卷之二

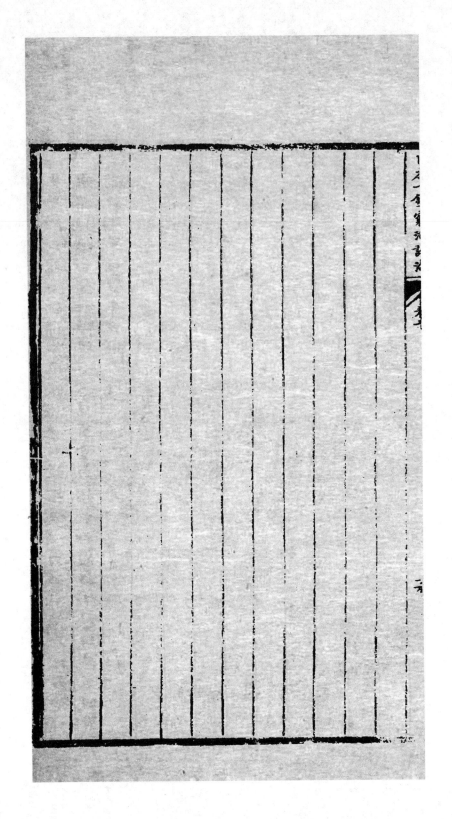

日本一鑑窮河話海卷之三

奉使宣諭日本國新安郡人鄭舜功纂敘

集議

備按集議初載隋志其王朝會陳設儀仗使者云王以天為兄以日為弟於天明聽政跏趺而坐日出輒停理務云委我弟隋文帝曰此大無義理訓令改之又考畧云今復如故此語未窮歟按夷憲法乃夷王子號稱聖德者作於隋開皇間法曰早朝遲退公事靡盬終日難盡是以遲朝不逮於急早退必事不盡故今夷王日中聽政於紫宸或清涼間乃作樂而文武畢集其法云曰大事不可獨斷必與衆宜論小事是輕不必與衆唯逮論大事若疑有失故與衆相辯事則得理矣列國亦然抑夫此者豈非隋文之化乎自奉

宣諭至豐後豐後君臣皆是日中攝政以集衆議每行開諭於其間彼則

依諭禁行矣然奉
宣諭事責一人以當集議化導裔夷亦莫不由忠信仁義孰苟自善惑世
誣民釀禍無休乎夫夷集議
天使當知正己格物庶幾不惑此熄夏夷之亂

國法

備按漢書隋志其法著嚴考畧因之不覆宣也按夷國書夷初設法而無成章自其聖德太子好佛敬儒善化夷中居輯綴世觀音作法一十七條名曰憲法夷謂公道之書逮至夷王桓武作倭國法行於國夷王守平之時以國之法命僧圓淨等註作五十一條名曰御成敗式目夷云成者平也敗者亂也以為平亂之書其古傳今之法也抑今訊獄以木壓膝此惟昨說凡有言辯之人若或酗酒逞兇恃强先露鋒刃者雖不傷人則必處死姦淫賭博失火者死而極嚴賊之禁盜絲髮者皆死

凡刑人不棄於市乃押本犯於郊原間或濱海際隨釋本犯頸縛而犯
從容自解其衣自總其髮引頸當鋒觀者如堵若或夷下之人有犯死
者凡有新刀以驗利鈍而為薤粉其輕生也如此若有叛逆則盡殲其
黨火其居頭目富人有犯極刑者多自剖腹而死未行剖腹之先置酒
於堂飲食自若觀者填咽稍若遲延衆則拍掌而笑曰汝婦人也剖腹
既畢人復頸之俗有殺傷人命者或即棄刀奔僧寺勾攝之人不擅勾
取必覆於本司牧乃命住持以出之蓋緣敬禮佛僧也十廿年間中國

私商有擕

大明律令一卷之於周防周防司牧姓多多良名義隆者官為大內大夫
斯人也讀華詩書知尊親義公道服衆列國咸愛之初見
大明律令誠信篤敬告彼學校之徒咸稱正法而廣錄之中國私商有犯
姦淫於彼姦夫姦婦遽遣其夫斬殺之私商之輩以殺商人言彼司牧

彼司牧也即令該部誅殺其夫方行聞彼司牧曰其妻在否私商荅曰
已同伴殺死矣彼司牧曰此盡中國之法也亟令止殺其夫云奉
宣諭至豐後仰仗
主威憑籍
國體開悟彼守源義鎮故遣使僧清授附舟報使願識
中國禮法奉
命到國施行及使沈孟綱傳諭日本國王源知仁依諭禁賊遣還使人至
廣潮反遭陷害冤異如此其報使僧此可使之觀聽之凡今之人而為
海患之計者必須先明國是然後審彼之所惡察彼之所敬以
國法而施行之曷不響應尚屢憂勤者乎此言已禍用安之法庶無懸斷
遥度之差
禮樂

備按漢書禮以蹲踞為恭隋志乃曰跏趺而坐又考畧云搓手為悦無進退之節無拜跪揖讓之儀其言如此今按夷禮凡入王家必先脫去韈履御下佩刀然後入門伏於廳門之外命入乃入有問則對對罷而退若入平等人家冬衣皮襪以進夫主迎賓躬身而迎搓手為悦既入門伏地低頭問對畢則叩頭蹲踞席地初則茶次則飯然後飲必東道開壺各各頂禮祭酒而飲飲則喜醉有不能飲者必盡受之以至昏而辭之於地下人供奉至廳門外先告而後入入則膝行主人送食於賓賓荅之客別主則盡彼之禮而遠送之若或庶民途遇中國使人與本王官則必跣足於旁解刀匍匐以俟過往若或順道必俟行遠乃行之行分南北則俟過而後行也女人相接蹲踞而言外無他禮歷按男禮進退之節雖有未同拜跪之儀雖敬罔似正德乙巳彼崇文教之徒請使入朝求祀師儀於學校禮樂道在其中矣時議未然而不

之按隋志云樂有五絃琴笛樂戶十萬又考畧云樂有中國高麗二部及按夷今音樂分十二宮曰越調斷金調平調勝絕調下無調雙調鳧鍾調黃鍾調鸞鏡調盤涉調神仙調上無調調作倭音常陳紫宸清涼之間又白虎堂內教坊皆樂所也大抵計數般賦未聞了期禮樂宣夷

載歌

化日之下矣 夷用樂器詳於器用之中

巡行

備按巡行我昔無說抑自夷王聖武以僧志高氏代行通國號稱行基菩薩巡行遍遭至陸奧按部九郡地 綿邈東西相距八十日南北相距四十日以本國土較之陸奧相過半矣於是行基將陸奧九郡分作五十四郡設官守之後欲列國未舉僧亡日本輿圖乃本僧作故名行基今夷國中巡行之官列國各有檢非使此任至今不闕也

綵色

備按綵色考自魏志時賜紫綬錦物隋志賜錦綵冠唐書貴者帽錦婦人純色使者粟田身衣紫袍宋史奝然衣綵前代皆有綵色也近按着衣乃知色樣有青白絲黯紅黄等種按國書綵色名品並詳說之曰朱曰丹曰駁曰青曰白綠曰紺青曰白青曰牛粉（或云胡粉一云胭脂）曰雲母曰薄減金曰濃繪曰蒔繪曰粗粉（或云胭脂）曰朽葉曰淺黄（紺）曰青黄（綠）曰雌黄（黄灰）曰梅花染曰狂紋染曰鹿間紺曰火威（鎧毛）曰糟毛（馬毛）曰鹿毛曰河原毛曰連錢葦毛曰鵇毛曰粟毛曰宿鵇毛曰雪踏毛（鷺）曰雲雀毛曰黑毛（水）曰黑毛（洗皮）曰青毛（木）曰猿毛曰黛村濃（黛村作也）曰隱岐綠（隱岐作也）曰薄紫曰杜名染曰金青曰綠青

服飾

備按倭夷服飾考自漢隋志書亦稍有言唐宋史書惟言使人如唐王

會圖名存物故若今贏蟲錄異域志於斯二者立名雖異原是一書惟圖倭夷使僧也考畧所載但檢前古圖書況未審今倭俗若夫中國衣冠古今雖賜抑不常有今以本國長君親王國守臣民男女僧尼頭陀稗子戎優等項備常服飾一各具言庶見大畧矣

夷長君粧冠曰大織節屆用之必衣錦常衣履與民同隋煬賜冠去世既遠永樂之世優賜九章至今稱之夷王妃粧飾節屆衣錦常則俗同

夷親王粧冠見所頂而忘其名冠已純黑樣如中國之食麪餛飩節屆用之衣履從俗夷國守粧節屆則用束髮冠衣履同俗正德之世周防國守多多良得請遣使入中國時得冠裳以歸是守敬用之夷國臣粧節屆皆頂束髮冠竹皮為之衣履同俗夷男粧節屆則頂束髮冠以繩絆之於項衣無裙襦腰束一物以布作綱於中綴帶闊約四五寸自腰之後由跨之下兜起腰前面結之綱上以掩其根名曰袴帶一曰根衣再

着長衣其名直垂兩襟一同無内外別袖兩短小止肘之前斂袵從左以絲束腰間居則加短袴於外袴如古人衣皮在腰以掩前後也若出門行禮則加短衣於上以半其身而已於肩其名曰維又曰斷肩乃解短袴更衣長袴於外其名曰裝束裾拖地拽塵名為禮衣又以絛束腰間長短二刀插之左右刀鞘之旁内一銅器其名曰笄又插小刀或插雙筯便於食物不拘冬夏腰恒佩扇又多藏紙於襟内以便唾涕不致汚席或持數珠為之念佛履以草作半於足掌自底左右綴一横梁於中中綴一鼻聯着底前約入沿裏凡寸許内於拇指四間凡行步跟不着地共脚而行冬衣皮韈而已於踝若出門足多不韈以涉溪澗故也若駕馬亦着之又手衣皮以控爽婦粧間居螺髻屈紒獨簪而無金銀首飾多用胭脂及黑齒若閨女多以玄丹抹額為避水妖故也衣無裾襠有裙襦横幅結束以綫步長衣絲束加以錦繡仍束絲若或出門則

多被髮再以衣蒙其頭而露其目冬衣皮襪着皮席履以行之凡遇節屆多詣佛寺手搓數珠欠身而退夷僧雖披剃冬頂帽名扁摺本僧所作喜頂端公帽為中國之僧制也衣袴帶服長衣名直裰向純素束腰之條名平江加以青夏布衣衣腰大緻名曰摺子恒持數珠念佛若出門多持扇着皮席之履而行若禮佛則服袈裟加以方心摺那乃着中國僧履而作若看經或寫字則用小文凡一等俗人瞽目者則削髮習琵琶為遊食僧等一俗人而身年老家事豐盈父母俱亡兒女事畢不以俗慮削髮看經以為事一等遊民而惰於櫛削髮浪遊日惟嗜酒近有入冠中國者我誤認以為倭僧夷尼頭雖削髮衣履婦同手持數珠時常念佛一等俗婦亦有削髮看經者夷頭佗雖剪髮仍寸許衣長衣繫黃絲條日常丐食曰唱嘛紀伊頭佗而專黷武以必勝人為能不為盜夷稚子雖如女人雖不蒙頭多賦脂扮年五六歲多佩木刀以習技

凡就文學皆不佩刀夷戎粧飾頂鐵盔飾紅纓謂火威掛鐵甲或皮甲甲飾彩絲甲惟掩胸不備於背蓋以殿為恥也而手足皆有蒙蔽名曰具足腰佩長短二刀恒揮扇或駕馬而行弓矢矛銃之類但由其所能也夫騎射中國同若或出獵手則衣皮便提鷹鷂織席裹腔其名腔中而游獵焉其優粧飾皆從俗多衣錦如旦者手鳴柄鈴副以羯鼓粧點漢唐故事傞傞而舞者皆其國鄉之人凡遊列國搬演嬉戲國守臣民同樂厚贈之

男女

備按日本女多男少漢書隋志迄今亦然其男少也柳非少生若生男多俗通厭之之其生母當生產時審係男產男多必厭即執兒頁仍捉兒首扭殺之其殘忍也如此欲女多者俗妻妾多之故也故漢書云大人皆有四五妻其餘或兩或三是也柳俗正月初子日男女祝松曰男

七女二七蓋欲女多男少矣昔扣東夷俗欲男少其意云何東夷答曰好不須多而語之曰今為寇盜中國者衆子歟孫子歟貞笑不荅此即自知不善矣俗養多男長子襲官家業居之衆子遺業甚薄多有為僧者蓋俗敬重佛法也漁販生子月餘夭霽盛以搖籃繩懸高樹隨風蕩之欲其航海無驚也通俗家子方六七歲教之習技頭目良民之子多習華書女習倭字間有習學華文也

身體

備按漢書男子皆黥面文身以文左右大小別尊卑之差女人被髮並丹朱坋身俗皆徒跣隋志男人垂髮於兩耳上婦人束髮於後多黥臂黥面文身臨海水土志人皆髡髮穿耳女人不穿耳又考畧云男子斷髮魁頭言及女人皆如漢書之説按此島夷人多矮小脇丰腥臕故佩蘭麝以混臊氣足亦短小蓋由地土所生也其王官民今皆髡髮惟存

左右後鬢髮少許乃束小髻於腦後俗云鬪殺以髮為累故髡之髡髮之具用以竹片中微斷損用手指開內髮於中兩手捻緊而拔之彼盖言其痛也女人耳不孔環則削方額凡居家則挽螺髻而壓紒若或出門多喜被髮髮貴於長多市長髮粧飾之僧尼披髮剃頭佗剪髮留寸許俗之老人若父母亡兒女事畢不於俗慮有剃餘髮以卸佩刀請賜法名而閒樂之俗之遊民不務生理而懶理髮故削之向來從逆寇我者慣為倭僧實出此輩遊民也夫此輩髮雖削左右後鬢根際可辨也僧俗男女耳不孔俗男女人齒喜黑齒黑之法乃以爛鐵置於醋中伺其油浮加五倍子如法煎之恒染齒黑故有黑齒之名昔語此夷荅曰飯白齒黑自欲齒潔為之語曰今俗之人大為姦偷有汚黑齒尤宜速潔之聞者唯唯俗人之鬚必剪齊唇謂便飲食今俗男女身雖不文有文手者足昔文左右辯尊卑今文各有誓記也男女手爪皆剪齊指謂

便作用而僧而俗徒跣如前足指稀踈不施纏束故也中國流遁為禍邊腹畏死避誅甘心變而為倭也被虜男女蓋不得已痛變之為夷奴矣為民父母本一念至此良可痛哉

冠笄

備按冠笄夷俗有言諭其所以男兒年十四五乃髡其髮謂之冠髡髮之後飾屆則頂束髮冠予代父任初曰始冠女兒年十四五乃削方額謂之笄又有一器銅飾金銀者置於刀房之外其名曰笄餘未之聞也

婚姻

備按隋志婚姻不娶同姓男女相悅者即為婚姻入夫家必先跨火乃與夫相見婦不淫妬抑今夷俗同姓為婚間有之男女相悅而成也以為婚通俗至今而不異其未有辯同姓者男女相悅而成也跨火入門良有之原俗不妬故多妻妾淫法當死故婦少淫中國流遁與之婚姻

者多夷民家之侍女姦淫有之野島之夷十年以來從逆寇我有與流通為婚者及居孀婦夷之所棄流通婚媾之若夷良民固雖多女恥與流通為婚矣

農桑

備按漢書曰土宜禾桑歷按夷島田地有餘而力不足故不盡耕雖有五穀而民鮮能於播種雖曰園圃而民莫善於蒔蔬誠謂廣種薄收也故斯民也乃有饑饉之苦歟此國西南海夷近見流通寇掠以往暴殄天物致起流劫之心屢犯邊腹十有餘年四海來賓今此風聞恙日為倭寇其諸司牧烏得知之哉昔奉

宣諭乃知彼之之詳其目海寇名曰破帆一曰白波彼深恥此功按是夷猶為可化設使師之以耘耨教之以培壅示之以澆灌然則彼部之民盡皆得而食之矣夫彼既無饑饉之苦又豈有流劫之禍耶又按彼蠶

其土可事彼桑少培而蠶桑也惟其越中頗事之詢其桑葉小而麄蠶絲麄而短皆由治桑不善矣設使教以治桑之法養蠶之方其廣務之然則彼部之民盡皆得而衣之矣夫如是則其民不饑寒也豈有流刼之禍耶大抵論兵討賊東沒西生使務農桑當問奴婢設使先勞以農桑次教訓以文學此可以語用夏變夷兩利俱安之要道使蠻貊之民依依樂土何必頻年航海也哉何必頻年航海也哉

紡績

備按漢書土宜麻苧蠶桑知織績為縑備諳其俗紡績織紝女多能之皆撚麻苧成布也夫彼織機窄作布狹凡成衣頗勸着冬則夏布牽綿木棉近有種者尚鮮能作必須入朝市可雖有葛亦未能治絲線生活始於唐時使過吳中得織藝歸乃知作綾世稱吳綾惟山城和泉作之頗佳宋史云絹薄緻可愛其為綾絹紬錦亦精緻但因不善蠶桑之所

以價高也

樵牧

備按日本悉皆山島草木茂盛平原隨耕故易樵牧人居人戶每伐枯木大者或用十廿餘人運至本居懸鼎之處乃燃木頭於鼎下木頭化灰又進木身以燒之鼎鐺下火晝夜不熄極便茶湯凡牧牛馬則放本山由其滋生絆圍取用

漁獵

備按島夷初不知耕稼采魚治生而後漁人雖居山溪之上澗壑之間不為采取多從海捕之彼之漁有網有釣撒網通來間有之亦以鸕鷀捕者又自沉水採取者魚族頗多有時而生有時而長有時而至風潮晴雨按族依時以伺之濱海之家每偵潮退其諸妻孥攜筐戴桶尋採海味足以適口充腹也故斯夷者不善稼穡而善於漁凶年以漁亦得

不死矣夫漁者東夷治生之本也其漁得鮮必取日食之夷古末盧國人好捕魚腹多不厭其腥膻也海濱之夷按潮下鈎潮退取魚多必夫者至如海塗雜味潮退之時不難於取獵有鷹犬弓矢近有手銃師出佛郎機中國今有之易名鳥嘴也其海山島草木深邃故多牛馬群幾百千取則耕載是故此夷以牛力耕不食也以馬載道不食也以犬警獵不食也以雞報曉不食也於此四者亦可以義而言之何嘗寇我殺人耶抑彼寇我非夷初心彼牧無聞皆由流逋之所致此固不可不知也其禽獸族山島頗多不之取用

飲食

備按飲食為人養生之要道是以飲食載之聖經食有時宜夷有和味月為使者當知之抑漢書云倭性嗜酒飲食以手隋志亦然按臨海水土志以生魚肉雜貯大瓦器中以鹽鹵之歷月餘日乃啖食之以為上

有今常飲食如客至則先茶若山野民多以饑粮或以搗粒如進酒主則祭酒先飲之盤共設菓脯舉筯侑觴凡宴飲父子兄弟夫婦朋友俱不同席不共食惟酒傳杯若待賓客必先飯而後飲主喜客醉客不能飲必虛受之以至唇而酹之於地其俗儀如此俗敬品彙總名精進供佛事主奉客也惟僧多素飧若事主客有魚肉亦皆山海野味也其飲食價費較之中國則四五倍矣盖緣錢價高貴也俗常盛飯必以椀合至豐盈以椀大小定尊卑常飯不至飽群下飲食如飲則洗餘糟粕食則調炊餘飯焦雜以蒔蔬糟乾米皮豆滓山菜草根之類以飼群下既受饑苦非食十年以來被虜之民向為夷島犬豕也而我官守未之畜嗚呼含糗羹藜我民深義撫夷奠夏所志誰歸當修飲食之書猖狂吐餔而説其所飲食一各條鳴

曰粥增水　曰膏粥正月望日作粥浮膏祭土地以祈蠶事祀畢食之　曰紅調粥赤荳粥也事同　曰飯

炊粳或粟以為之 曰茶 恒磨為細末鼎常餘沸湯凡飲取茶入盂徵着湯乃以茶筅攪勻添湯而飲之 曰荳腐 效華言語

曰麪 以粳炊飯勻以柴灰少許闕於麪室候乾取出而用之 曰酒 名稱天野作於河內凡為一酒以粳作之如炊米二斗入麪一斗

下水三斗釀久而酹之俗飲酒稱久釀 曰燒酒 作法同 曰白酒 洗糟水也 曰醋 黄豆為之 曰橙醋 橙擠作汁

以名之 曰醬 黄荳去皮炊煑為之或和麪作或炊赤荳以作俗多食之 曰鹽 如浙之煑其色甚白蓋其島鹽多沙石少於泥

故水澄清鹽色瑩白矣 曰索麪 作法同煑熟則入冷水夏取鮮蔘作汁調和食之冬月無蔘煎魚脊乾以為片入沸湯鼎中乃下椒

醬湯既熟乃盛入椀取麪下湯以食之 曰饅頭 麥麪為之蒸沙糖以為饀洗赤荳沙和 曰糍糕 一云蒸糍糯米

為餅蘇糒為衣凡臘月多炊飯杵擣成乾之以作餱粮家有大小作有寡多餅 曰輪糕 新未將登乃取青穀炊之舂去皮粒則糒

曬乾收貯客至斂此以代茶 曰餱糧 臘月炊粳凍乾為糒出行食凡必用清水多洗而食或復煮食之食時 曰蕨粉

蕨根為之饒醣而食作粿 曰油 芝蔴為之俗罕食此設瘢症其惟和藥用之少 曰鰹乾 寄音佳茲阿多出土茲被彼鰹

種類鰤取鰹背肉蒸熟作乾為片蘸鹽食或以和索麪而食之 曰蒲鉾 取魚去皮以釘披魚以刀刮肉置於薄新板上或作魚形

向火炙熟或蘸椒鹽或加醋食 曰醉魚乾 魚形似鱅鰱人食則若食其鮮而醉况矣醉 曰生鰹 魚生也取大鮮魚去

皮肖為片夏以蔘汁冬無蔘汁則用沸醋胡椒白鹽勻入魚生以食之凡漁得鮮多食其目 曰魚鹵 取諸小魚和之以鹽置大桶中

既久成酉以為佳味此即醃海水土志載以上者此也此肉也或以煮豆腐或醃鮮魚肉食有曰烹鮫種類湖津京熟去介肉納筋許乃為之片和蕈鹽醋而食曰糟鰍鮑即石鮑煠入沸湯去其介糟鰍而食曰鮮薑凡食必厭留蘆四五寸特之以護醬食曰炊芋炊熟去皮蘸椒蔻醬與山藥食同之又或以之調魚肉曰海藻出彼南海以椒醬醋和湯飲之

曰棍布出彼東海為片搓揉以食曰供佛餉曰供備菜俱豪食也曰法輪味噌甘本南都僧法輪時始作曰穀熟米也蘗米一升熟八合謂之穀春曰豕餅地無家豕之種謂雜五行書十月亥日作餅食之令人無病故云豕餅曰落索謂殘杯冷火曰最花最初諸花始開時採之以獻神也曰豬羹地無家豕野豕作也

曰羊羹地無山胡羊族此糧羊也曰鷺腸羹曰鱸腸羹曰松露羹曰鱉羹海鱉也曰水蟾曰糟雞雜雞也曰溫雞水京山雞也曰碁子麵曰水花麪曰餛飩曰水團

曰搔餅曰紅糟曰粽曰粢曰糗曰麩曰荳菜曰納荳曰餡酢曰辣菜曰韮曰辛茄曰纖蘿蔔曰乾瓢瓠子乾曰烏頭布曰搗栗曰筍乾曰鮓膾曰三峯饍初起僧作曰強飯曰赤飯曰草餅三月三日作之祭祖先曰糕曰糝曰漬防風曰漬楊梅曰楊梅餞曰鹽梅曰柿乾

藥餌　疾病

備按日本通俗尚醫土産有藥種植有園品物固不備必須航海以市之因艱藥餌故每逐鹿剥割之時多取生腸四五寸留糞於中結束兩頭而生食之蓋謂鹿噉百草以為上藥也夷生陋島病有異聞有病頭鼓者頭作鼕鼕之聲聲聞則痛大便有蟲如蟻無算者而疝且多緣地下濕尤於女色也偏瘋有之大痲瘋疾蓋緣濕熱所作此病作自貪者則必丐非疾丐鮮矣瞽者亦丐多習琵琶披剃為僧俗稱琵琶法師俗緣敬佛猶哀其瞽故多施與惟少痰症緣俗無豬羊少脂膈雖有麻油惟合藥搽頭皆不之食抑少煎炒之物而鮮是症也其嘗服藥暨諸病症併書於後

其藥餌曰香蘇丸曰潤腸丸曰神仙觧毒丸曰阿伽陀神明丸曰理中丸曰兎絲子丸曰腦麝丸曰蠟礬丸曰五香丸曰仙人丸曰香蘇散曰

内補散曰屠蘇白散正旦服之曰連翹湯曰養胃湯曰羊蹄膏曰竹傳膏方從天竺傳來者曰膏藥曰生鹿腸其餘悉用中國醫方

其疾病曰鬱憤曰脚氣曰氣喘曰癆瘵曰噎病曰消渴曰瘡疵曰腫塊曰水腫曰脹滿曰癥瘕血凝結也曰積聚氣凝結也曰中風曰荒痢曰赤痢曰下風曰夜溲曰頭鼓曰大便細蟲曰疝曰大痲風餘未之聞

喪祭

備按漢書人死停喪十餘日家人哭泣不進飲食而等類就屍歌舞為樂又隋志云其死喪以白布製服初旬日間子女哭泣不飲酒食肉朋類眷屬皆就屍歌舞為樂貴人三年殯庶人則卜日而瘞行喪以小輿或置屍船上陸地挽之既葬舉家入水澡滌以祓不祥今按夷俗人死之後浴屍吸斂死值冬月屍則易僵用湯浸輭而後褪移坐於龕圖書龕者斂死人與斂屍箱也棺者子女衣白哭泣不食酒肉卜日發喪親族僚友俱衣白

送舁墓所野葬水葬此語未詳火葬土葬者上五浮屠遂命僧人以志其處乃以木片每書南無妙法蓮華經七字於木片上束以百千萬億置於浮屠左右其國君居喪亦稱諒闇諒隱之名墓亦稱陵以官守之列國君臣民墳墓以木為坊竪於墓前或書某之禪定門此標其名或書春日大明神此禳其吉葬事畢乃於寺中湯殿内燒湯沐浴然後歸家跨火而入子貴竭財多命僧衆以供佛事佛事既畢孝子多棄婦入寺燒香掃地三年五年七年而後還中國之人先有海行遺風流移於彼死喪其國彼念死者魂無所依僧則為立木主而祀之近年以來姦究之作逋匿於彼者死亡無算僧俗深恥之此不若犬鼠無立主則不然徒為番鬼矣考畧祭祀亦用牲醴粢盛但祭畢撒之於野或遇乞人特與之今按祭祀如前所云惟居喪祭有三十五日者四十九日者百日者朞年者帷忌日祭至一十三年三十三年夷謂三十三白白者天竺呼年為白也日本以

佛出天竺別名支竺日本僧伽尚慕佛教故有三十三白之言年時之祭正月望日作膏粥祭土地二月望日吊亡者三月三日作草餅祭祖先四月八日祭釋迦五月五日吊三閭六月望日夷王祭天地七月七日祭二星望日盂蘭盆是夜比屋燃燈於門外謂導亡者入門饗祭八月望日夷都祭八番菩薩大和祭春日大明神伊勢祭天照皇大神是日者其為三社之日也九月九日採菊獻觀音以祈壽十月出雲獨謂神有月擇日祭神十一月卜期祭竈十二月望祭祖先正德間夷使源永春

請祀先師儀注議者未當故不之許致使東夷有負

文教大恩

鬼神

備按漢書此夷之俗酷事鬼神朝貢以來儒佛巫神各有供奉逮至唐宋而僧好儒故俗之人巫神少事矣惟敬佛僧至今如昨僧以儒學化

行其間故俗之人知崇

文教先師之廟始開焉嗟夫蹲踞以待也祈報之禮昔

請不許恐議未然今知神位一既書載

曰先師文廟開於下野題名學校名足利又稱風世一僧寺奉神曰老子曰釋迦牟尼佛

曰達摩禪師曰阿彌陀佛曰猪頭蜆子曰布袋和尚曰觀音曰阿難曰

迦葉曰文殊曰普賢曰金剛曰揭帝曰韋駄曰天王曰地藏王曰俱生

神冥府善惡之神司曰佛印禪師以下通祀之神曰社稷曰回祿曰伊奘諾尊

伊奘冊尊此二神者乃其先王有一女三男即伊勢大宮日月二神西海宮蛭子郎殿出雲三大社素盞烏尊之父母也

曰素盞烏尊社在出雲曰天照皇大神社在伊勢曰鎮國香椎大神曰大奈

良姬大神曰八番大菩薩社在山城曰春日大明神社在大和曰貴布禰船神

曰宇賀福神曰鎮守伯大常神曰社務有功神曰神主祖先曰禰宜先考曰

鬼神大夫力神曰耆婆曰扁鵲已上二神醫家祀之曰五百義士廟在白杵原五百義士

者其古伊豫兵遺因其間皆剖腹而死白仮感應於白杵凡用兵者必先禱之黙相也曰覡巫神曰秦王祠在紀伊熊野山祀秦遣方士徐福福於始皇二十八年誑使蓬萊求長生藥乃於登州海島絡船臨海故今島有徐福名福部童男童女數千人越失所求懼加誅戮止於夷亶二洲間即今紀伊汶之地先號秦王國今為倭屬故有是祠曰化善觀世音祠在松浦世射氣世射氣倭音也斯神也不計年代因入貢夷之於普陀往彼卓庵事之凡值聖誕神虎出焉喻人書而後隱奉神曰義勇武安王祠在五島祀漢關羽也曰大唐厲鬼祠在松浦港梓祠啟於嘉靖初年於時閩人私發商船市於彼彼島之夷利貨殺商未幾天乃雨血其地地復出血島夷俱災所殺商人皆見夢於島主島主寢疾夷人奉遺言用收殺商暴骨以葬之遂立祠於其上斯島始安

佛法

備按本夷佛法載在宋史始於梁承聖間夷王天國初得佛法於百濟及至夷王用明長子有號聖德者幼悟佛乘其法大行於其間至隋唐宋以來而彼沙門奉使來朝請求佛書頂禮五臺守戒天台派有天台宗祖者使經名山多請授教如金山無準徑山虛堂皆授佛法寖廣其

間僧旣學佛漸至好文故夷僧者以爲文化之首也夷王亦常師學之
故國有寺稱平等院敬佛重僧俗之爲最姦淫法死俗犯死者奔入寺
中公人不擅勾攝必鳴司牧文移乃出之下野學校皆僧主者夷國至
今皆僧奉使朝貢一詔尊親
文教一則皈仰佛乘抑眞僧輩學佛修文其風敬重遊方丐食本俗嫌疑
部位稱呼頗同中國前代名僧流傳宗派筆札觸目畧入書編
僧伽部位曰僧都曰都官曰僧正曰都寺曰監寺曰副寺曰上副寺曰
下副寺曰東堂長老曰西堂長老曰前堂首座曰後堂首座曰東藏主
曰西藏主曰書記曰頭首曰知客侍者曰喝食行者曰行堂侍者曰燒
香侍者曰書狀侍者曰請客侍者曰湯藥侍者曰衣鉢侍者曰看寮行
者曰聽叫行者曰暖寮曰知事曰免僧曰納所曰多聞曰維那曰典座
曰直歲曰浴主曰淨頭曰直堂曰寮主曰叅頭曰飯頭曰副叅曰堂司

曰門守曰陪堂曰楞嚴頭曰修造主人曰調菜人

夷古名僧行基菩薩俗姓高志其先百濟國王之胤家居和泉大島郡夷王聖武孝謙時人當聖武時始為大僧正住持菅原寺再還藥師寺先是夷王以之巡行於通國始繪國之輿圖故號行基後死陸奥云

德一菩薩惠美大臣仲磨諸子夷王嵯峨時居處南方東大寺

傳教大師阿闍梨天台宗祖俗姓三津家居江洲滋加郡夷王平城嵯峨時人國書倭字始自本僧及弘法大師護明宗正吉備大臣所作又考夷王光孝時有僧曰春入朝傳考

弘法大師俗姓佐伯家居讃岐多度郡夷王平城嵯峨時贈大僧正眞言宗祖師

慈覺大師俗姓壬生下野都賀郡人夷王仁明時贈法印大和尚

智證大師俗姓本氏讃岐助耶珂郡人夷王文德時十禪師內供奉權十僧都是也

花山僧正少納言良峯安世卿息遍照慈覺大師弟子

醍醐寺僧正兵部大普萬野王息聖寶東大寺別當東寺長者法務光仁天台諸後

禪林大僧正深覺東寺長者九條左大臣諸子

梨本大僧正明映天台座主文章生藤原後宗息伊勢守祐之孫

木幡權僧正靜貸前二條關白諸息母小式部內侍

一乘房大僧正仁覺士諸門左大臣

平覺院大僧正行尊諸子母宰相基平才一條院諸息

花林院權僧正永緣式部大輔永資息興福寺別當

櫻井大僧正行慶國城寺長老白川院諸子

長谷寺大僧正覺忠法性寺大殿御子 教圓法下前伊勢守藤原考忠朝臣諸子 清成法下

八幡官寺檢校法下元命息 玄賓大僧正河内人興福寺僧 觀教大僧正公忠弁息

隆貧大僧都中關白諸子母馬内侍女 清㴱僧都參議大江朝綱息 公貧僧都中納言經家可息定

輔之孫 覺雅僧都六條左大臣諸息 源賢法眼前攝津守源様仲息 真静律師 長濟律

師讚岐守朝臣息 守經 慶還律師輔親卿養子世神祇大輔大中臣元子孫 載 實源律師肥後入 靜昭

法橋成忠卿息 忠命法橋 宋延 擬講紀何入道 慈光房 索旦 勝趣 已講 香

雲房道命阿闍黎傳大納言道綱卿諸息天王寺別當 隆源阿闍黎若狹守藤原通宗息 顯昭

阿闍黎顯補張獨子移住仁和寺 延歷寺 靜藏 貴所定額善宰相行息 靜嚴得業 興福

寺四室隆緣立者伯耆守隆忠息母若狹守通宗女 蒙範供奉右京亮生戶致行息大內記致時孫 戴

聖梵入寺元延歷寺移住東大寺 靜藏 貴所定額善宰相行息 戒秀定額肥後守清原元補息

花山院殿之法師 空也聖人六波羅寺於號平聖 寺末 增賀聖人參議恒平息右近少將敦清孫

性空聖人號書寫聖人從四位下相善清息 目貧聖人入滅於大唐天台國清寺 日藏聖人金峯山善

宰相善行弟玄範聖人津守國基同時人良忍聖人尾張國人稱大原瀧主瞻西上人雲居寺本願圖

利哥曼佗羅會坂蟬丸盲目道於書常不剃除放餘人號翁或云仙人寧治山僐譔作和歌式碁索性法師良峯

宗真息山田法師有家集兼勢法師伊勢極古息義陶法師蓮仲法師良峯宗真未葉

佐慶守為候息六勝觀法師寬和比人兼慶法師花山院殿尉之扶師惠慶法師寬和比人

有家業集増基法師家集號廬主亭主守田又名増堅法師元慶法師對馬守源茂親息永成法師

越前守源孝道孫懷賢法師筑前守源道濟息良暹法師作於闡祿園別當永彌法師左馬助藤原化

木光息後恵法師後頼朝臣息水源法師肥後權守敦舒息家集號一人源縁法師通宗朝臣同時

登蓮法師

横嶽派

天朝天童窓庵咸傑——靈隱松源崇岳——道場運庵普岩

徑山虚堂智愚——日本建長南浦紹明圓通大應國師

大德開山崇峯妙超禪大燈高明正燈國師

德禪開山徹翁義亨

卓然立

大像宗嘉

如意言外宗忠

大機弘宗禪

華叟宗曇——宗惠大照禪師大德養叟宗頤

藏主宗樹——大模宗範

春作禪興首座——秉院守禪庵開山燈庵宗全 本院山西[illegible]

大德瑞峯院普應大滿國師怡雲悅 本院在大德寺[illegible]

日本一鑑窮河話海卷之三

日本一鑑窮河話海

中冊

民國貳拾八年
據舊鈔本影印

日本一鑑窮河話海卷之四

奉使宣諭日本國新安郡人鄭舜功纂敍

文教

備按日本懸絶海東三代已前島字無聞文教不及漢魏以來始通中國文教漸及於其間宋史始載使僧奝然云知文教自王應神始於百濟得中國文字唐書長安元年貢使粟田好學能文開元初粟田復朝請從諸儒授經詔四門助教趙玄默即鴻臚寺為師獻大幅巾為贄賞書以歸建中元年貢使興能亦善書者貞元末朝使朝其學子橘免勢浮屠空海願留肄業歷二十年還逮宋以來奝然寂照等皆識文字之僧備考前代及今

國家其來朝臣皆是僧釋莫不知書

文教所宣其僧居首宋德隆盛大儒屢出

文教大行於其間故其僧常入貢夷都列國久開學館院而夷僧向又行館於琉球惟其下野大設學堂題名學校一名足利又名風世中奉先師神位學之左右開鑿二渠纂名洙泗皆僧主之列國學徒嘗二三千人講學其中惟蹲踞之未改也逮正德時夷中學子懷感

文教大恩乃請其王遣使源永春來祀師儀圖報時議未當故事不允是以先師向被東夷褻瀆矣今夫東南十年黷武格殺無知之賊夫何了期期致治安莫先

文教大受命者果能盡忠信説仁義行乎夷學之間使三千人集議夷國君長之庭禁行列國之内此無知賊聞知識之言守禁戰之令亦莫不畏跡熄貢通内保良民外化賊寇而為良善使内外生民安享天倫之樂豈非

文德至靈耶

書籍

備按書籍日本至珎考自漢魏晉宋齊梁未賜書籍隋唐以來使人請賜以歸未聞賜何書籍逮按宋史雍熙間夷王守平遣僧奝然來貢云王應神於宋大明甲辰歲始於百濟得華文字又云國中多中國典籍有五經佛書白居易集七十卷奝然之來授賜鄭氏注孝經一卷記室叅軍任希古撰越王孝經義一卷印本大藏經一部而去洪武辛亥賜大統歷永樂戊子使僧圭密奉其王命

請賜勸善内訓二書以歸又按佛書本國至敬考僧奝然之書自梁承聖間初得佛法於百濟隋志開皇間使請法華經大業之使求學佛法唐宋以來使僧入貢禮五臺拜天台及經名山莫不請奉佛經而去至如醫書乃治生之本國人至重之醫書大全翻刻其間著龜書學自使吉備七度入唐乃得之國人知卦命識相法奉巫神而星歷書洪武辛亥

賜之大統歷又彼之歷乃其天台宗師始知之抑甲子日數相同於月則有小大之差如我閏九彼則閏七若夫琉球世奉紀元則又閏十蓋地有東南東北之差有寒暑遲早之別故其閏月依地氣而閏也按之大統授時開禧回回等歷不侔矣律呂之書十二宮調皆倭音樂舞之名曰久世曰拔頭陵王曰還城樂曰納蘇曰利採曰桑老等名陰陽書編用神不同堪輿之術知言四獸背小面大為之取嘴低面高為之用背虛面實為之居若山城則為天造地設之區矣繪畫之書有圖繪寶鑑畫工唐馬九工戴千山水草木人物蜆蟲賦綵未及而篤尚好中國古畫中國畫工多知姓名然字學蘇而文用漢詩多絶句兵精孫武十三篇若孫武者此為倭詐之祖也今夷之俗敬佛重僧僧累入朝故能

尊崇

文教而鄙於武學校之徒一是之中國書籍流彼頗多珍藏山城大和下

野文庫及相模金澤文庫抑惟大和金澤二文庫以為聚書之淵藪他庫雖藏遺書未及二庫也彼此之初學始自釋文三注及語孟五經文選史記之類夏夷書目於彼聞見備書之

曰大統歷曰勸善書曰内訓書曰四書（先惟論孟乃劉向注朱子本旨近有之）曰五經曰釋文三註曰史記曰索隱史畧曰十九史畧曰通鑑曰綱目賈誼新書曰詩學曰韻府群玉曰唐宋千家詩曰千首唐詩曰市文曰文選曰文粹曰事林廣記曰翰墨大全曰太平御覽曰支那西遊記曰白居易集曰鄭氏孝經曰孝經新義曰圖繪寶鑑曰大藏經曰法華經曰華嚴經曰蓮華經曰多心經曰金剛經曰六祖壇經曰孔雀經曰傳燈錄曰趙都御史羅漢撈（藏于白杵海藏寺）曰醫書大全（翻刻者）曰丹溪心法曰東垣十書曰圖經本草曰孫武十三篇曰武經七書曰百將傳（自此以下皆夷書）曰行基圖曰日本涓圖定境文曰日本記曰世譜曰文爽系圖曰日本國王實錄

曰職員錄曰聖德太子憲法曰御成敗事式目曰史記曰下學集曰節
用集曰聚分韻畧曰絶海度唐詩曰連要抄曰玉函秘訣曰十節記曰
金葉集曰萬葉集曰源氏拾遺曰源氏後拾遺曰世風記曰齊諧記曰
續齊諧記曰少納抄曰倭名集曰倭國法曰律呂曰星歷曰流年歷

文字

備按國書初無文字有刻木結繩之政自僧傳教大師弘法大師護明宗正備吉大臣等議祖唐字四十七數旁作倭字以志華文翻譯始備向通中國其成碩學我馭此夷蓋是虛文通事之人不諳大義我遣愚弄一至僨事罔成華夏之體且沮向化之心切欲戢武必須用文窮蹟要名實所不取王事靡盬倭字宜知除被古文而不之錄今將華文四十七數寄倭楷書於下今字數内井併入伊於併入遠恵併入江又寄于音而荷音賀大音陸阿音寫刺音棘他寄如字其音譚重其語宜輕用詳三體字音然後可通寄語此遺究世之仁者臨邊信乎有用文告實顯神功

華文倭字

伊イ路ロ波ハ仁ニ保ホ邊ヘ登ト知チ利リ怒ヌ留ル遠ヲ和ワ

賀カ余ヨ多タ禮レ曾ソ津ツ禰ネ奈ナ良ラ牟ム宇ウ井井今併入伊字

乃ノ於オ今併入遠字久ク也ヤ麻マ計ケ不フ果コ江エ天テ安ア左サ

幾キ由ユ女メ躬ミ之シ恵ヱ今併入江字比ヒ毛モ世セ須ス

倭字倭

イ易ロ六ハ法ニ乂ホ荷音賀ヘ穴ト大音能チ千リ致リ利ヌ怒ル路

ツ阿音辣ワ窩ワ歪カ佳ヨ欲タ太レ列ソ梭ツ旅子業十奈ラ剌音辣

ム慕ウ烏井異今併入イ字ノ懦オ才堝今併入ツ字ク周ヤ也耀マ邁ケ杰フ付コ課

エ耶テ迭ア押サ廾腮キ氣ユ右メ蔑ミ密シ云世ヱ魚那今併入エ字ヒ沸モ目

セ射ス自

倭字草書

いイろロはハにニほホへ入とトちチりリぬヌるルをツわリかカ

かカよヨたタれレそソつツねネなナらラむムうラ山井今併入リ字

のノおオ今併入乏字人ク也ヤ寿ニけケふつ二ユろエて千おア足廾

きキゆユめメ女三しこ恵鱼今併入乃字れヒ七七世世步ス

草書字末

[illegible]イ[illegible]ロ[illegible]八[illegible]ニ[illegible]ホ[illegible]ヘ[illegible]ト[illegible]千[illegible]リ[illegible]又[illegible]八[illegible]ツ[illegible]ク

[illegible]カ[illegible]ヨ[illegible]ク[illegible]し[illegible]リ[illegible]ツ[illegible]子[illegible]十[illegible]广[illegible]ム[illegible]ツ[illegible]井今併入以字

[illegible]ノ[illegible]オ今併入乏字[illegible]ツ[illegible]也[illegible]ニ[illegible]ケ[illegible]つ[illegible]コ[illegible]エ[illegible]千[illegible]ア[illegible]廾

[illegible]キ[illegible]ユ[illegible]メ[illegible]三[illegible]こ[illegible]鱼今併入叉字[illegible]以[illegible]モ[illegible]セ[illegible]ス

稱呼

備按夷俗人有等第事有稱呼

天使其間言惟宣

王之法言而夷異言不煩唇齒既奉

天使不可不知知雖不言而夷言之亦可審夷事物矣故爲敘

曰勅使曰唐人曰仙洞（指夷王宮俗云其主皆稱王）曰姑射山（指夷王）曰儲君（春宮青闈東宮）龍樓（俱指夷王子）曰天枝帝葉（指夷親王）曰准三后（謂夷王祖妃夷父王妃也又謂准三宮）曰宮房（指夷王妃又稱宮房候門人）曰內親王（指夷王女姊妹伯叔母）曰女御（指夷王宮女侍從）曰日君（謂夷王）曰月卿（謂夷臣）曰殿（官民通稱）曰守（土官通稱）曰一役（一云力者謂一人工）曰幽靈（士鬼）曰鑄物師（職人）曰居鷹（盧人）曰一門（親類）曰房官（門跡公人）奉曰伯樂（俗指醫馬之師）曰博勞（馬商人）曰馬借（商人）曰番匠（一云棟梁飛驒巧人木工也）曰放家（術者）曰祝子（巫者）曰把鉞者（挽衣人）曰半物（下女）曰房士（夫也）曰末子（小兒）曰平家（平民家也）曰土民（百姓）曰刀禰（船師）曰頭

人（一云奉行頭人祭主也）曰廳（門跡奉公人長）曰塗士（漆師職人）曰御曹子（子或作司）曰出（左傳云姉妹之
子）曰家督（一云家德俗謂一家之總領）曰檝取（水手一云水主檝柁也倭作梶）曰語勢（軍）曰脚力
飛脚）曰喝食（毛頭）曰甲乙人（上下之人）曰閻閣（奉行人職）曰大名（國守護一云錢持）曰垂乳根
謂親也）曰當腹（子息）曰大工（職人）曰帶刀（官名帶刀供奉人役帶刀大刀也註云史記帶劍）曰迴國（警岡）
人）曰呉綾（一名呉織按唐時夷從南道入朝經歷於呉得織藝歸始織綾故名呉綾）曰山賤（山人）曰山彥（木偶偶或）
作梶）曰檢兒（大追物謂玉藻指悍婦詳見鵰島新編石字下）曰下戶（俗指不飲者）曰京雅（或云經原商人）曰檢
校（座頭又官名）曰小性（俗呼小兒云）曰御亭（主人）曰后室（後家北堂俱同）曰振子（註云文選子振子爲）
章丹官女樂）曰紺掻（職人）曰兄部（力者中頭）曰木守（力者）曰御分（下人）曰火番（下部）曰乞食
非人俗非穢疾不丐）曰勾當（座頭）曰穢多（屠兒世河源者）曰惠美酒（神名）曰傳奏（公家）曰田樂（遊人）
曰典琴（小僕）曰徹衆（註云德政土一揆也）曰猿樂（遊人）曰祖代（註云千代若皆小兒名）曰鍛冶（打鐵）
器人）曰主君（指司牧也）曰山臥（一云山伏役行者流）曰仕丁（使令之夫）曰御屋形（指親王之爲刺史者又稱
口鵝）曰才門（指富民）曰右族（俗指有職）曰御宇（俗指夷王）曰御內（俗指相公之姉）曰名主（百姓）曰

社務（神人）曰白波（賊盜白波者謂無生理白日於海弄波也）曰破帆（賊盜破帆者謂如帆破之賊也）曰白柏子

（歌舞而街賣女色者一云妓女一云金口打一云唱門師一云風流一云傾城官）曰庄官（百姓頭）曰上戶（俗指飲者）曰

評議衆（談合人）曰物夫（武士）曰門守（官名）曰千駄櫃（商人）曰是害坊（天狗）曰鳥居（謂華

表）曰瑞籬（神棲也）曰埒（馬坊）曰塒（雞棲）曰雪隱（厠）曰方藥（盧人）曰暗向（盧人）曰碁（手談）

曰北面（伺候仙洞之武士）曰鈍漢（無智人）曰累祖（先祖也）曰曩祖曰元祖曰鼻祖（三祖

也）曰家來（家人也）曰宗匠（先達）曰圖子（小路也或作通次）曰繩手（直路）曰堅者曰精

曰探題曰題者曰採題曰法務曰已消曰僧綱曰執當曰啟白曰表白

（已上數條教家所用）曰朝臣曰眞人曰宿禰（已上謂三尸也尸名數十號此衆其三）曰懸客（唐元次山呼不

飲者）曰倭人（小又已下夷僧稱呼）曰年寄衆曰殿波羅曰師資（師弟也）曰長老曰靈氣

曰律僧曰晩達曰晩出家（入道僧）曰尼宗曰衆寮曰兩班曰僧主位曰本

尊曰脇士曰御影曰新戒曰布薩曰導師曰師正曰禪客曰沙彌曰衆

徒曰頭佗曰法眷曰小師曰弟子曰坊主（坊主之坊僧之通稱）曰法師曰炭頭（行者）

官名曰住持曰知寺曰上方住持曰貼供一云行堂一云淨人一云行者一云參頭曰供頭行者

名位曰尸位僧稱曰世度扉山林小僧曰禪和子衲也僧曰蒙堂僧位曰兄弟衆叢林僧衆

曰社僧曰遊行夾中懸之曰副參行堂之僧曰塔子既房之主曰頂相禪家呼僧曰塵頭又稱

琵琶法師乃瞽目僧唱哭僧也曰所師代侍者曰門跡道聖曰鉢叩空野上人未流曰法橋何此四聖道家

官名曰師檀僧俗稱兼同曰檀那又檀樾僧稱施主

事説

備接馭夷在得其情若得其情馭之則易不得其情徒自擾之欲得其情先通其説既通其説漸可以入化漢之途也伏念聖明尊居中國以文致治王道之常此夷事説不可不記茲所記者雖不純宣王之法言切思文告知此事説庶使同文一變豺狼之習以廣聖明之化矣故為録

即位御宇之始也　寶祚御宇之治也　大常會謂夷王即位之年以新米獻伊勢大神謂之大常會十二月卯日也

印可印信也可許也　因地五月五日國俗戲門争勝也　圍繞渇仰　暇請請或作乞

逸物好義又指鷹犬　難寢史記　違例病痛謝　一縮兵具看　一宿一夜

一夢炊俗推量　犬追者詳颱島新編石字下　揚焉史記并文選俱用此字

放埒不當意之　放題詩歌所言　廢壞破屋　馬嫁狼藉　白狀露顯

沛艾狼藉　半齋調經　俳諧連歌言　截配盞酒　配流罪配流八

雪恥越王句踐誅吳王夫差遂雪會稽之恥　墨譜聲明點也　巴鼻由來也　切齒本書

博聞廣聞也　芳翰稱書狀　入門田地境　白眼史記脫杜　刃傷殺害

逐北北音背　婵約史記　新枕初會合　奉加勸進　蜂起史記云楚蜂起

發句連歌　堙堀史記塹山堙谷　遍參知識　平喩病　偏頗偏一也頗多也

瘰疽病　関音戰場唱　敎厚極心義　取透軍陣　取直病

咄嗟即時出來之儀　同座列座　動座相公出陣　治代朝敵退治之時被成下也

昵近近衆奉公　着到書軍數　誅戮斬頭義　陳防啓　着岸船

著述詩歌作意　除目任諸官時事　陸沉沒落之義　大概史記多書大概　落潊落勢也

御成相公御出　御晴同上　距躍左傳距躍三百曲踊三　尫弱少義

狂惑無道之義　和漢和指倭也和漢者倭數漢人之歌也俗云連歌一云聯句　椀飯正月武家出仕

貶藏 極義　輪違 紋也　知中 兩處通義　訓分 田　神樂 神祇事

契當 叩　佳例 佳與嘉同　孝行 養親義　勘當 臣流徙又謂小也　瑕瑾 恥辱義

階級 位　勘過 開過書又書也　徒立 弓　假字 日本字形又假名　恰好 好合義恰或作

笠懸 最初懸笠射之後用皮的　形見 遺物　免冑 左傳第七云秦師過周北門左右免冑而下

偕老同穴 毛詩云夫婦堅約之義　高直 代　拉幹 左傳第二　乘勝 史記

穎脫 史記脫穎而出　帆風 左傳十一注扶不帆風差輕拔旗橫衍上　慕屍 左傳第二又史記云累戲中野

鹿島立 島在常陸緣起神市　孝養 事親　加級 遷位義　餘慶 左傳積善之家有餘慶

深山 多義　邂逅 毛詩　當道 說莫言之　對捍 敵對義　假使 縱然同

退散 謀也　方便 謀也　道號 字也　馱賃 荷物出也　無頼 史記本記

糞田 孟子云糞其田　料理 調味　療治 病　伶利 利根也　連綿 不絶義

宗仰 崇古　若干 許多　存分 存外分命　蕪菜 蕪菜也　追福 追善義

通法 通例都合義同　追從 諂也　無恙 上古洪國倭國皆有恙蟲囓人故問詢無恙否云　追代 進發義

鏦殺 史記殺上鏦 刻飾 文選 購問 史記云購問落知諜子 粘劉 兩字係碁用之

迴毛 馬旋 難面 下學集有難面 餘波 左傳云其波及晉國者君之餘也舟人呼謂曰波 內檢 就秋田有之

名乘 成作名筆文也字倭字以志 假顏 本書謂倭字也 視流 左傳 索陶 毛詩宵爾索陶

懸癖 自在之 洛义 梵語此翻十方也 勞煩 辛苦 濫觴 始義 無臘次 次第

濫吹 烏亂義 狼狽 狼籍義 無注方 義林之落書 棟別 掛錢 無常 涅槃之義

無狀 發義著之 無念 孝經注云無念念也 矛盾 中義諟之 飲馬 左傳 始冠 初任官義

格殺 史記本記云劾捕格 撲滅 撲滅火尚書以火燎於原不可嚮撲滅 右流左止 總起大神

暖寮 賀新居等振舞暖寮 暖氣 遊山 公弁 年貢之義猶中國每年運至京也 官度 受領

縫落 呼病云 久世舞 遊曲成云口之云曲宣舞宣舞一如 件 件分次也 口說 述懷之義

管絃 樂也 管見 智義 細祿 微上義 確執 遺恨義 回鱗 回魚回鯉皆書禮之返報

獲麟 一切事終云 役夫工米 伊勢大神宮御造營料諸國造段錢謂段夫工米 流鏑 神會時騎射也

夜盜 某夜盜賊本俗作 夜討 殺害 作矢 見俾作矢臨淵掘井 舍矢 毛詩云舍矢如破 亂矢 史記窮弓亂矢出見洪書

矯失 史記云砥矯失 憲法 公道義 還補 本所領取附謂還補 結構 奔走 饑渇 饑餓義

結解 等用 譴責 催促使 闕 如缺也 現形 露顯義 嫌疑 無實如義

懸隔 雲泥義 計會 算義 經細 往来 強健 佳俪義 瞹睛 内外之義

權門 世家 權輿 始義 逆鱗 史記云人主亦有逆鱗 校分 年貢校分口未收納之義

稽古 諳習義 稽首 稽至也首之義也 古首至地故 澆季 末世之義 不得心 無情之義

不覺 失錯也 不敵 鈍貌 不便 悼意 不辨 不足義 不會 不和合也

不快 心中惡貌 不調 始亂義 不當 貧恥義 浮沉 迷惑義 不合 不和合也

不詳 無心之義 不祥 凶惡之事日本記 不習物 借物也 不熟 耕作惡義

豐饒 耕作好義 粉骨 忠節之義 付屬 讓 補任 所領新代官任也 譜代 譜代相傳

不肖 言不似人倫 風聞 雜說 無為 無事 不宣 不悉不備書札之末云 二重成 年貢之義猶如見秋二税也

御幸 猶言天子御小 恒例 如常義 懇望 佗事 牛角 或作牙角 滑稽 利口之義

氷撥 水行之貌 木居 鷹居 緣起 最初之因 榮華 榮耀同 依怙 自由依怙

焰燒 燒火　遠行 謂死也　捐館 死去　緣坐 緣親類之坐罪也　調子 音曲

爆頭 賜妓義　提綱 法語　釣語 索話　庭中 直訴詔義　逃散 土民背本而出奔云也

鬩侮 毛詩云兄弟鬩于墻外禦其侮　安堵 史記本紀云吏民安堵如故　中外 矣

回島 日本連歌所云　求食 爲求食也庭訓　穴賢 上古無居屋人居穴一書禮末語也　算用 左右來内之義

草創 始義　祭禮 神祇　早歌 音曲　伶傳 吟同　左遷 流〻

左道 乏少之義　早世 死　及第 進士及第炎王廷喜科上以來設科取人　袱夜 酒也

龜鏡 外聞　既得 全義　行幸 稱出　義定 平定義同　給分 恩

勤舊 僧位 行義　伎倆 强健之義　起單 請暇之義　花奢 俗語歟

規矩 規矩法度　舊交 舊約義　京悅 俗語呼運上曰京悅　由緒 由故也緒古也

幽玄 仁體　勇健 伎倆　揩揩 史記争門揩揩　面目 史記　酩酊 醉

綿密 懇義　目安 訴語狀也　召文 下知　建水 史記本記云楢建瓴水也

些少 少義　指南 教見之義　唱明 音聲　鍾愛 大悲愛　出張 敵出張

腦織 物業忌之　愁傷 俗用此字　燒亡 燒失　嫉妬 悋氣之義　色體 禮

收納 納年貢收　左禮 嚴也　入眼 俗叶成就曰入眼　受領 受領度官所務　謂年貢

至誠心 無餘念義　斷臆 此事見于婆娑論正理等論　如在 二字尊敬之義本俗未諳

予避 史記云予之座有予避於外　灑掃 奉公　生涯 平生三昧　上表 辭退之義

生害 殺也　甚事 也事　一飾 三具足等云　一口 金鍬木用之　一腰 大刀云

一番 烏一番　一例 例之字忌其用一例兩不書之　一懸 纖一懸　紕繆 紕玉篇云冠緣邊飾也繆綱繆也

菲薄 輕薄之義　引繕 字書繕補也　雛遊 小女之所也　披講 詠和歌　狂文 下學集有之

没收 闕所之義　物故 位牌之上書亡者名　沐浴 俗洗死人云　勿體 無正體也

蒙昧 無智之義　成敗 成平也敗亂也平亂之義　精誠 念此之義　濟濟 多意

折籌 中分之義世俗作折中何是乎但折中字出文選　折檻 出漢書　誓文 誓狀

遷化 死土官云　逝去 平人死云　施行 施物於非人非人即指丐人也　接待 施茶與旅人

世諦 世帶　世智辯 怯懦之義　寂寥 閑意　先途 難義　碩學 大學也

數奇 俗謂鮮發方數奇 焙煤拂 十二月所爲也 忌忌數 康數 見苦數 琢數 忙數 輕輕敘 已上六者未詳

一經譯 修入所作 綸音 綸言 宣旨 三指王言 懸召 召諸縣之華職任諸官也

御行 既之 王書 反閉 堯王出行時陰陽家所行也又謂禹步 僉議 大衆議也 評琢磨 毛詩如切如磋如琢如磨

稽古學文 勸文 歷爲 家所懷托 任寄也 付囑讓與義 魚道 魚道者建殘杯也以餅泥

況杯孟之口痕踰之魚道又云魚道舊道也蠡灘滸泳大海終不忘舊道故曰魚道 細工 把刀道 調菜 調味者

田札 棊田令刈 不日課 日課作之 獨步 惟我一人之義 蝇附驥尾 喻卑賤附權貴也

相伴 相坐義 赧面 赤面也 心肝 肝要義 突鼻 本俗世話 逐電 謂旋跡

即闕官 大砂大臣無其人即闕其位非官也 分衛 乞食 囉齋 乞食 天骨 天然骨格

草案 中書 飛脚 急使 逃職 辭位 連署 即書連義 謂歌曲也本俗世話

歃盟 歃血也 斷金之契 同心契也 先達 先賢又引導人者 圍碁 手談 把杯 酒杯奉行

馱向 向或作肴旅中熟食 假粧 女面 山彥 木魂 朝餐 朝飯也

辟穀 斷五穀 左右翻行 公私俱行也 晏駕 崩御 登仙 登遐 堯謂堯五死

諒隱諒闇 夷謂夷王居喪　竪議 謂建議　晉諸 晉語諸人作事云　經營 營一切事

一揆 同心義　着到 衣帳　賍物 盜物　蹈躇 恐懼之至　頓首 致恭敬也

豫参 列參也　偃息 休息也　烏亂 胡亂同　遠慮 論語人無遠慮必有近憂

自慢 自欺也　周章 謂驚怖也今作義非古實　伺候 謂祗敬　博學尤才 文書音好也

聲明 好音　褒貶 是非　大犯 罪人　糾明 勘當　息災 禱義

支度 用意義　恩顧 恩問義　青顧 晉阮故事　藉火急 如救燃　所荒榛 又云有增日本世話

六借 日本世話　究竟 畢竟　闕屋 無人家　炳然 分明　黎明 早晨義

篠目 日本世話　滿遍 均平　御天而唾 四十二章經曰惡人欲害賢者猶仰天而唾唾不汚天却汚己面也

早晚 不定義　相圖 拗來義　合壁 合家義　傍若無人 桓溫故事　不具 無衣裳義

傍輩 同位者　輻轃 車具　胸臆之說 謳歌之說 閭巷之說 三說也

上手下手 起於世話圍碁日本　綸言如汗 禮記云綸言如汗出而不返　一片 無餘事

淵底 窮事義　折角 前漢書五鹿岳岳朱雲折其角也　手傳 合力義　信仰 皈依義

賄賂（出行義） 恩簡手教（倶書狀也） 割符（兩錢所通） 切符 憑子（俗出少錢取多錢也）

掃除（治一云掃） 箕裘之業（祖父之業也） 五月子不養（孟嘗君上五月而至高位亓母爲群公而長生由是觀之則五月子非不祥也史記本記）

風習（舊習也） 涯分（隨分） 療治（治病） 療養（同上）

外人（他人） 落魄（隨意而不拘法度） 年齡（老年也） 他界（死去也） 臨終屬纊（以纊屬鼻穴知息否）

訃音（告死於外） 火葬水葬野葬土葬（已上死也四葬皆俗送） 屈請（强招人也）

拒障（辭退義） 面展（面拜之義） 忠言逆耳（孔子云良藥若口利於病忠言逆耳利於行）

臨深履薄（詩云如臨深淵如履薄冰） 獅子身中蟲（喻人自損亓身也見仁王經） 合十（僧合掌）

十宗（法相宗倶舍宗成實宗禪宗淨土宗律宗華嚴宗加之天台宗真言宗爲十宗也） 叢林（五山十刹僧侶繁多之義）

威儀 袈裟 衣（袈裟掛臂） 六波羅蜜（檀波羅蜜尸波羅蜜羼提波羅蜜毗利波羅蜜禪那波羅蜜般若波羅蜜）

祝髪（斷髪也） 落（落髪也） 還俗（一云回禮又云落墮） 下火（禪家葬也火或作炬）

擯出（退義） 得度（落髪） 度僧（成僧） 料撥（頭陀） 南無（皈依之語救我之義）

加護（佛神加護） 託宣（神） 茶毗（葬） 靈驗（佛事） 布薩（梵語此翻說戒）

掛搭參暇　追薦佛事　祝言神祇　教養佛事　掛錫同宿

通夜佛神之前致誓願而同宿也　灌頂表王出行時用此字真言家用之　說草　祭文法事

僧讃建揆兩家作法　遶佛佛後祝言　諷誦遣說經時知識舉揚之義　業障因果

護魔梵語此翻燒言燒滅一切惡魔事　拒請辭退義或作拒障　彫刻佛造　奠茶奠茶奠湯葬時佛事

啟請誓文　急急如律令急患疾疾也律令法度也此言一切惡魔皆行邪道故告誡之急皈正道也

入院入寺　陞座說法　出院擯出　師資相承次第　精進俗云潔洲精進

神水啟請時用　悉曇梵語　宗派　重拂說法　懺法觀音懺法者

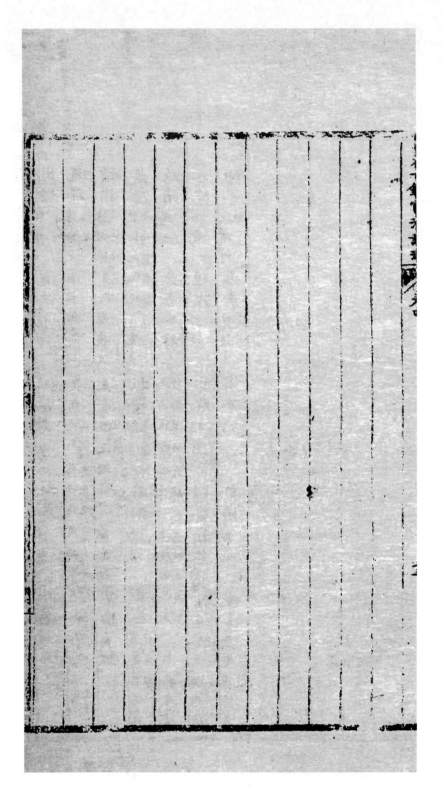

詞章

備按日本自唐宋以來知重文學國君臣民皆師於僧故其古今以僧入朝得近文儒久而師學於其國致使國人尊崇文教而能向化歸善也如此信乎

文德神靈矣其諸國中凡得中國片文隻字如南金珙璧隨世遠近皆有成價凡書中國字樣必提書畫紙上方其慕

文德其來甚誠若使一變而修文則益彰

神武豈縱部落為夫疆場之患哉之其詞章畧為之紀以見四海同文之意也

東大寺大朝法濟大師奝然啓

傷鱗入夢不忘漢主之恩枯骨合歡猶赴魏氏之敵雖云羊僧之拙誰忍鴻霈之誠奝然誠惶誠恐稽首頓首死罪死罪奝然附商舟之離岸

期魏闕於生涯望落日而西行千萬里之波濤難盡顧信風而東別數
千里之山嶽易過妄以下根之卑適諧中華之盛於是宣旨頻降忝許
荒外之跋涉宿心克協粗觀宇內之瓌奇况乎金闕曉後望堯雲於九
禁之中巖扃晴前拜聖燈於五臺之上就三藏而稟學巡數寺而優遊
遂使蓮花迴文神筆出於北闕之北貝葉印字佛照傳於東海之東章
蒙宣恩忽趨來跡季夏解台州之纜孟秋達本國之郊爰逮明春初到
舊邑緇素欣待侯伯慕迎伏惟
陛下惠溢四溟功高五嶽世超黃軒之古人直金輪之新奝然空辭鳳凰
之窟更還螻蟻之封在彼在斯只仰皇德之盛越山越海敢忘帝念之
深縱粉百年之身何報一日之惠染筆拭淚伸紙搖魂不勝慕恩之至
謹差上足弟子傳燈大法師位嘉因并大朝剃頭受戒僧祚乾等拜表
以聞

戒嚴王師行成表

臣聞三皇立極五帝禪宗惟中華而有主豈夷狄而無君乾坤浩蕩非一主之獨權宇宙寬洪作諸邦而分守蓋天下者乃天下之天下也臣居遠弱之倭褊小之國城池不滿六十封疆不足三千尚存知足之心故知足者常足也今

陛下作中華之主爲萬乘之君城池數千餘座封疆百萬餘里猶有不足之心常起絶滅之意天發殺機移星換宿地發殺機龍蛇起陸人發殺機天地反覆堯舜有德四海來賓湯武施仁八方奉貢臣聞

陛下有興戰之策小邦有禦敵之圖論文有孔孟道德之文章講武有孫吳韜畧之兵法又聞

陛下選股肱之將起竭力之兵來侵臣境水澤之地山海之洲是以水來土掩將至兵迎豈有跪途而奉之乎順之未必其生逆之未必其死相

逢於賀蘭山前聊以博戲有何懼哉倘若君勝臣輸且滿上國之志設若臣勝君輸反作小邦之恥自古講和為上罷戰為強免生靈之塗炭救黎庶之艱辛年年進貢於上國歲歲稱臣為弱倭今遣使臣荅黑麻撒詣丹墀臣誠惶誠恐稽首頓首謹具表以聞

徐福祠　　颱海渡唐詩

熊野峯前徐福祠藥苗春長雨餘肥只今海上波濤穩萬里淳風胡不歸

送魏祥還鄉

流寓殊方十八年生還中土豈非天冷泉鮮纜好風便三月落帆鄞水邊

又

倘副皇華過舊廬親隣相見喜何如海東盛事逢人間一姓官家百一初

送魏祥還鄉　　搏桑釋等輝

西土舊豪傑昔今論楚材鴻臚屢通譯鯨海已重來帆穩搏桑曉雞鄉

輦轂埃青雲生足下賤跡恐難階

送麴祥還鄉　　日域釋清播

異域秋清橘柚霜知恩旅寓不忘鄉西風五兩金山去童稚候門親在堂

詠西湖　　無名氏

一株楊柳一株花原是唐朝賣酒家惟有吾邦風土異春深無處不桑麻

又

昔年曾見畫湖圖不意人間有此湖今日打從湖上過畫工猶自欠工夫

春日感懷

中原二月綺如塵異卉奇葩景物新可是吾天仁更闊小塘幽草亦成春

奉邊將

棄子拋妻入大唐將軍何事苦隄防關津橋上團圓月天地無私一樣光

答風俗問

君問吾風俗吾風俗最淳衣冠唐制度禮樂漢君臣玉甕藏新酒金刀剖細鮮年年二三月桃李一般春

述夫樂清被擄歎懷

來遊上國看中原細嚼青松咽冷泉慈母在堂年八十孤兒為客路三千心依北闕浮雲外身在西山返照邊處處朱門花柳巷不知何日是歸年

題春雪

昨夜東風勝北風釀成春雪滿長空梨花樹上白加白桃杏枝頭紅不紅鶯問幾時能出谷燕愁何日得泥融寒來鎖却鞦韆架路阻行人信不通

遊育王寺

偶來覺勝鄮峯境山路行行雪作堆風攪空林饑虎嘯雲埋老樹斷猿哀擡頭東塔又西塔移步前臺更後臺正是如來真境界臘天香散一枝梅

萍

錦鱗密布不容針只為根兒做不深曾與白雲争水面豈容明月下波心

幾番浪打應難沒數陣風吹不復沉多少魚龍藏在底漁翁無處下鉤尋

保叔塔 保叔實名保所保所者祈保所在之人也夷用夏音舌缺難調誤所以叔故作此詩

保叔原來不保夫造成七級石浮屠縱然一派西湖水洗得清時也是汚

被張太守禁舟中歎懷

老鶴排徊日本來笑看宇宙作樊籠只因飛入堯天闕恨在扁中一葉中

四友亭

四友亭名萬古香清風曾遞到遐方我來不見亭中主松竹青青梅自黄

酬和鄭國客　松月清渠

一封書上見仁榮奉

使東行弟後兄國客名高氷雪冷槑花標格鄭先生

題贈鄭國客　　釋運

毒海神舟劈浪來誕敷

文德善心開明朝報使歸中國不負公懷助化才

感懷　　宗正釋清校

每憶扶桑顏色衰旅愁三載若何為杜鵑不奈未歸路啼落枕頭雙淚

垂

遠來忠信本無私上有天知人未知日月掛空輝萬里

天王何不化東夷

留別鄭國客

長橋楊柳綰離情每憶君恩淚暗傾一謫四川何日返夢魂惟遶武林城

真教話別

三年交好友均義點無塵今日是何夕離情淚滿頰

錢塘話別

大暑正當三伏天別君不忍上江船蜀山未到吾能說鳥道連雲路八千

又

鳥道連雲路八千我今遠謫實堪憐四年羈繫身憔悴一點誠心不愧天

寄言鄭國客

茂林深隱尚逢春信是

天恩化育均遠渡求忠何棄我扶桑萬里亦王臣

風土

備按風土有淑有慝淑者抑為本俗之善原慝者向加流通之惡導曾
所聞者備為之錄庶知淑慝之原也
五倫之説子父孝親人臣忠主夫妻相敬兄弟友睦朋友善交臨難徇
節臣為君死子為父死妻為夫死弟為兄死僕為主死為朋友死皆若
是其有孝孚子慈孫義夫節婦國主陞遇國人咸敬之其居孀婦若夫
死於國難婦多削髮守節或遺幼孤國主優給俗相稱贈鰥寡孤獨亦
有常給俗好施與之
夷中列國有刺史向相吞併而弱敵者亦鮮假赦輒又恥告日本王多
自剖腹而死勝敵據地或本部民不服者乃告日本王別選擇人以守
之日本前王號稱延喜天歷者設科取人以補斯任及不傳者夷今選
擇俱係公道之人

夷中弱者或被豪淩赴訴其王必告津送若或失所罪坐津送之人
夷中列國之民有犯罪者懼逃夷中他國為求生計他國之主或憐罪
逃之人與之遣使至日本國為請宥罪本國之主雖恕罪人他國之主
乃宥本罪而不究或是惡慝而民衆惡之雖本國主不究而民必告曰
本王本惡不能逃誅矣
俗嚴禁賊盜絲髮者皆死間有產賊之島不世見戮人罵以賊切齒不
忘深以盜賊為戒向來流逋潛處夷島誘引寇我自夷海東紀伊而南
而西山陽山陰若狹迤西之夷亦莫不被勾引名雖稱商實為盜寇十
年以來投死之寇雖有父母妻子知本賊亡莫敢聲哭其重廉恥如此
水旱凶荒事有不免抑其水患有海溢邊氓因有蕩沒者旱值高田抑
少池塘灌溉於此凶荒近山則採蕨葛獵禽獸以食近海則採魚鰕之
類救荒矣抑山野多牛馬以耕田載道而不食華人於彼食牛者夷私

求食以藥藉口第恐夷知為衆所惡其重廉恥如此

人有疾病昔事巫覡今多奉佛命僧祈禱多必誦經僧延雖衆倭音斬

齋

俗敬佛人多為僧僧與國君平等若犯姦淫則殺之

俗多養女故人多妻妾

俗男女好圍碁碁子碁枰夷家多有之

俗至好酒遇節則多醉或有争辯不易露刃刃露者不論枉直則殺之

俗之娼婦多居要津而有唱門師白拍子韶老領城官號

俗手不至人頭以頭為一身之主故人不敢犯

俗問途途或言導之或手指之若舉足示之則夷不悦

俗今尚文雖無知者聞文人過莫不肅然

俗之婦女多習倭字頗習華文

和泉之民積貨為生者昔有姦慝居家探暴關嘗駕小舟浪流土佐豐後海洋間隱泊野島窺伺商船刼掠之嘉靖丙辰土夷細屋脅從徐海入寇矣

伊勢之夷為商者多富家亦衆

紀伊多頭佗約三四千坊黷武殺人原不犯中國

夷中南海有奴島音為盜區專一航海刼掠香客之船若客船大則駕大船刼掠船小則駕小船刼殺之如遇禮伽則刼財而存命也

土佐之夷原不犯中國間被流逋誘引為患者

西海筑前博多津夷嘗以商為業多蓄貨財積金有至百萬者向水流逋潛處其間勾引本夷為犯中國此島津間為通中國朝鮮之要道

豐後之夷恒忌四字因習夏音舌䚗不調以四為死故俗忌之

肥前古之入唐而有馬島向泊商船中國流逋久潛部曲勾引島夷中

為中國患
日向内海向為流逋淵藪嘉靖丙辰彼之彦大郎脅從徐海劫掠直浙乘船七十餘艘以歸
薩摩之夷居商者多今為寇者衆土夷悕部嘉靖丙辰脅從徐海入寇矣又高洲地方二十年來流逋潛處於其間本洲民居約百家我民之被驅虜為夷奴者約二三百人多是福興泉漳邊氓也
大隅亦稱入唐道向為寇賊之津也
俗壹岐對馬二島永樂之初夷為中國之患適日本王源道義為夷賢君知感中國之大義禽賊獻俘禍亂不作百數十年矣嘉靖丙辰對馬之夷將欲入寇開諭乃止
平戸島昔鮮人居今居商衆二十年以來為番船之淵藪中國流逋移家受壓錯綜盤固而今屢衆王直向潛住此島島去朝鮮半日程

五島之地在日本西近延中國東海隅昔為盜區流刼琉球等海夷國今為中國流通淵藪勾引島夷為中國患良未已也

種島之地嘗寓山城知文學僧向為琉球之師尋通番舶嘉靖壬子徐海誘夷私市列表比寇海航而去逮歲甲寅徐海復誘島夷入寇而去歲丙辰徐海亦復誘夷三犯中國誘來之夷漂沒者衆餘來授死部落俄空滿綱之賊惟助才門等輩㴱

屋久島人指野額山一名白雲島島多古木麋鹿成群不通商賈若他國流航或泊此島多被島夷謀殺之向來流通勾引島夷為患於中國

若狹之夷以商為生富家頗有

下野之地學校在焉讀書者多自來無犯中國者東海之區此崇文化之地也

陸奥出羽日本之夷指稱之為東夷之地地有鎮守府府鎮東將軍居之

幡摩明石之夷昔造大船海洋寇掠
周防山口自司牧多多良義隆死後為流逋之淵藪也
宮島之夷不嗜殺人事有不平者則梢神司評議罰錢

日本一鑑窮河話海卷之四

日本一鑑窮河話海卷之五

奉使宣諭日本國新安郡人鄭舜功纂敘

寄語

備按寄語有自來矣考自王制中國蠻夷戎狄皆有安居和味宜服利用備器五方之民言語不通嗜欲不同達其志通其欲東方曰寄南方曰象西方曰狄北方曰譯此皆寄語之事也周禮秋官象胥氏掌蠻閩貊戎狄之國使之諭說焉漢設典客及譯官令丞以領四夷朝貢及設典屬國九譯令唐設主客郎中職掌諸番來朝貢覲庚子四夷酋長各遣弟子請入大學升講筵者至八千餘人

上以師說多門章句繁雜命孔頴達與諸儒選定五經疏謂之正義令學者習之於時日本使僧弘應智藏圓載附新羅使僧弘惠入朝想有聞焉咸亨間倭習夏音譯本於此開元丙辰日本使僧粟田輩請從諸儒

授經詔四門助教趙玄默即鴻臚寺為師獻大幅巾為贄愚謂當時亦
莫不有寄語矣
國制禮部設主客司有郎中員外郎主事之官職掌諸番朝貢永樂丁亥
設四夷館選國子監生教習四方番夷翻譯文字分為八館曰韃靼曰
女直曰西番曰西天曰回回曰百夷曰高昌曰緬甸之類日本寄語寓
百夷中
洪武永樂以來設立
御前答應大通事有都督都指揮指揮等官統屬一十八處小通事成化
己丑奏定小通事額數六十名於內日本通事四員名及寧波府皆有
伍員答應官府向未得譯之詳也即今姦宄未定瘡痛未平干戈未已
用詐取勝罔辯蠻貊之音
文德虛靈必本忠信之說於斯二者寄語不為無用也覆按嘉靖癸未而

日本國兩起貢使讐殺之時鄞有上舍薛俊著作為考畧於中寄語分
眾一十五類三百餘條推原當時未知倭字彷彿倭音不免有訛抑今
賊寇東滅西生駃舌莫辯兵有誤聽將有誤
聞自奉
宣諭得知倭字四十七數以志華文調定寄音翻譯具備今此之夷久崇
文教匪不知乎聖賢文章為貴也華夷聲音為美也若夫華夏聲音也
吳楚有傷於輕浮燕冀有失於重濁而秦隴去聲為入梁益平聲似去
河北河東取韻尤遠吳人呼饒為堯讀武為姥說如近魚切珍為丁心
之類及有知之不辯王楊不分者華夏之音有如此況夷舌駃欲為華
夏之音者夫豈而易言之哉故採日用文字類分十八凡字之下以為
寄音庶通其言
文教東夷此為要領賦之於公以行邊鄙庶使兵無誑將之懲將無誑

君之罪此即
文告之驗奉
使之徵乎寄音字中而荷音賀大音舵阿音剌音辣其他則讀本字也假
如一字寄音天文若或本字該載地理如無二音不復重贅兹各寄音
於後
天文
天 梭剌 柙邁 雷 易佳兹致 易佳兹邁 易佳兹易 虹 乂世 霓 乂世 星 荷世
風 佳射 霞 佳自寄 空 梭剌 霄 梭剌 穹 梭剌
蟾 兹氣 雲 國目 霜 世目 霆 易佳兹易 河 梭剌佳歪
潢 梭剌乂佳歪 辰 荷世 氐 沸氣世 房 梭慕業 心 課課六
箕 寄 寄易 牛 鳥世 虛 梭剌 慕氣世 法佳路 危 柙懷烏世 奎 荷世
婁 路 參 邁世路 邁易路 張 法路 日 沸 易鳥 雹 易奈沸佳路 易 易佳兹 易奈滋邁

宿 荷世　月 兹氣　露 兹石 剌沸白　雨 柳莪　霞 柳剌世 寨梭列 柳剌利 沸阿世
漢 梭剌　霧 氣利　雪 右氣　宇 烏　宙 致烏
影 佐杰　派 寨耀邁大　角 兹懦　亢 太佳世　尾 阿
斗 荷世　女 莪　室 易耶 慕六　壁 佳穴 穴氣　胃 易 飲六易
昴 目　畢 阿歪路　觜 固致法世　井 耶 易　鬼 阿乂
柳 兹法腮 兹法梭　翼 法業 梭去梭　軫 固路邁　魄 大邁世易　象 腮烏
澤 梭剌腮法 梭剌腮歪

地理

山 耀邁　瀛 易剌佳 右易　沙 易腮課 自奈　泉 易兹寨　池 易致 易杰
巖 易歪阿 易歪剌　森 易欲耀佳乂 自利田　營 易大奈慕　鄺 易致固剌　原 法剌
林 法耀世　橋 法世　坊 法烏　秦 法太　湄 荷大利
漬 荷大利　邊 荷大利　周 荷大利　峒 荷剌　隣 大奈剌 腮大

街 致邁太　衕 致邁太　塵 致利 杰佳路　埃 致利　岐 致邁太致

阡 致邁太 致烏氣　岡 阿佳　邱 阿佳　陵 密氣 腮氣　河 佳歪　川 佳歪

垣 佳氣　墻 佳氣　墉 佳氣　陴 佳氣　疆 佳氣利

垠 佳氣利　谿 太又　溪 密奈　涓 太邁利密茲　瀧 太氣

田 太　疇 太列佳　畺 太杰 耀邁　毗 太自固　源 密奈目大

園 梭懦 梭氣　津 茲　堤 茲茲密　塘 茲茲密　墳 茲佳

瀾 奈密　墟 茲佳 氣欲　濱 法邁　塋 茲佳　波 奈密

濤 奈密　潾 奈密 腮腮奈密　漣 奈密　流 奈佳世　汀 奈氣腮 密氣歪

唐 慕奈世　村 慕剌 腮大　鄞 慕奈耀　華 烏路法世　畦 烏業

潮 烏荷目 烏世阿 世阿　郊 懦　邦 固又　州 固又 世邁　阿 固邁固又

隈 固邁　巔 耀邁懦易太太氣　區 邁致致　淵 付致 歪氣　漳 付致

江 耶　嵐 押剌世　關 射氣 押茲佳路　屯 押茲邁路　鄉 腮大 押烏 佳烏

闆 肥大　阜 肥法 肥歪　涯 氣世　崖 氣世　滙 押法 沸太自 押歪

峯 密業　岺 密業　溹 密兹押易　溝 密梭 密利　渠 密梭 世利

途 密致 怒路　鄰 密耀課 目穴氣　蹊 密致　灣 佳氣　坡 兹兹密

鹹 世法右世 世歪法右世　基 自大易　灘 射 太又　陬 自密　隅 自密

維 自密　方 邁肥又　巢 自　窠 自　圻 荷大利

陲 荷大利　濱 荷大利　庄 世耀鳥　坪 兹荷 鳥荷　畬 法太

滄 村致　崩 固兹路　緣 穴利　湘 世利鳥　瀟 世欲鳥

湖 密兹鳥密　漂 太太欲鳥　窪 固荷　湯 又法 又歪　泥 太六 兹慕 致易

冲 阿氣　籬 邁押氣　滂 課密　畿 氣　京 密耀

城 密耀課 世耀鳥　洲 自　崎 梭氣　傍 梭法 佳太歪利　頭 荷大利

磯 易梭　施 密阿　渫 付佳世　簗 大迭耀奈　水 密兹

石 易世　市 易致　崴 易歪耀 易法耀　沼 易杰 怒邁 陋邁　鄙 易邁世

陋易耀世　潦又歪太兹家　鬱易氣大剌固 阿荷兹佳奈　涘荷大利　堀大剌 荷剌烏太

畔荷大利 抑射　處大課六　叢大日佳剌 大烏　巷致邁太　陌致邁太

里剌 腮大　岳阿佳 太忐　阜阿佳 石大佳　淀欲大 大欲大　谷太又

澗太又　壑大又　土兹致　苑棱懦　圃棱懦

園棱懦　塞棱課　漢抑邁　澍棱棱固　底棱課

壘棱課　壤兹致固列 兹致剌列　礫兹付迭 兹付氣　基兹佳 法佳　塚兹佳

塊兹致固列 兹致固世　省兹佳腮　渚奈氣腮　浪奈家　邑纂剌

海烏家　浦烏剌　畝烏業　畹烏業　野懦

陸固佳　國固又　白固氣 太氣　社耀世六 耀世　藪耀付

嶠耀邁　保耀自世 荷烏　町邁忐　麓付目大　郡課阿利

衢邁荷路　際抑易太 氣氣 氣法　籔抑奈　穴抑奈　縣抑佳阿

溜抑邁大利　淺抑腮世　磁佳忐　澤腮法 腮歪　坂腮佳

境 腮佳易　堺 腮佳易　域 腮佳易　岸 氣利 氣世　坎 氣太

浥 押法 押歪　嶮 腮佳世　嶺 寃素　路 寃致　道 寃致 一一

徑 寃致　洛 寃耀遏 寃耀課　嶋 世遏　嶼 世遏　火 沸

瀨 射　注 世路自 秡國 椄椄圀　鎮 世兹　圯 蘇致法世　堰 射氣 易射氣

杜 日利　渡 歪太利　濟 歪大路 奈自　壍 荷利　磯 易椄

磴 易世法世　磊 易世圀剌　泊 大大遏利　陣 致利　湊 寃奈大

洙 押歪　堘 押蘇杰　蝦 押世　角 自寃　洞 荷剌

澳 鳥氣　港 鳥剌　峙 椄法大蘇　漲 寃奈氣路　牧 遏太 慕遏氣 遏氣

塢 鳥業　畛 鳥業　淩 村佳世　瀑 法圀　洟 押歪剌

奧 囨佳世阿圀

時令

春 法路大世 大氣　令 易遏　晴 法路路　正 法世蔑　初 法世蔑

元 法世蔑 𤎩 法世 大世 炎 荷懦阿 押兹世 年 大世 春 大世

時 大氣 氣 欲利 辰 大排氣 霏 大付 融 大阿路 雱 阿押蔑

颸 佳射 陰 佳恚 固目路 易乂 氣太 飈 佳自慕 大烏 更 佳法路 大佳 易乂 腮剌遒 期 佳氣利

虧 佳利 霄 欲路 霾 兹致付路 飇 兹世佳射 霖 奈佳押蔑 奈佳佳押蔑

露 烏路阿自 霭 烏兹路 曛 固路 冬 付右 寒 課易太利 腮固思

凝 課路 熏 付自付 秋 押氣 大氣 溫 押太太佳乂 昏 右烏穴 固世

吹 付固 佳射 朝 押世太 押腮 晨 押世太兹太 荒 押路路 豊 右太佳奈利

凶 押糶世 昭 押氣剌佳 明 押氣剌佳 押世太 法路 曈 押太太佳 霙 寊棱世 寊棱列 寊棱列奈

陽 沸 晞 沸路氣 涼 自自世 霩 氣利 朦 目烏

強 右寊法利 曒 押腮沸 曇 固目路 冰 課荷利 光 沸佳路

分 歪佳路 夏 奈歪 奈棱 古 易耶世穴 至 易太路 霽 法路路

甫 法蔑 始 法世蔑 孟 法世蔑 遶烏 肇 法世蔑 早 法糶世 兹大

朗 荷佳世剌佳　歳 大世　載 大世　紀 大世　祀 大世 大目

候 大氣 烏佳烏　刻 大氣 氣腮慕　節 大氣　稔 大世 又世佳 世又 又太佳　晩 阿核世 固剌 固世

旦 佳 押世太　暈 佳腮　映 佳佳耀固 沸佳剌　夜 欲路　暗 核剌 固剌世

夙 兹大　朔 兹烏太致 腮固世兹　昔 慕佳世　曩 慕佳世　曠 慕奈世

仲 奈佳　乍 奈佳剌　望 慊核慕 目迭 遥烏　暮 固列 右烏穴 固世　須 課六 烏

凍 課六　照 迭剌目　曉 押佳兹氣　暑 押兹世 押核世　燠 押兹世

熱 押兹世　暖 押太太佳 押太太佳奈剌　曝 腮剌自　曬 腮剌自　夕 右烏 右烏穴

皎 押氣剌佳　曙 押杰荷慊 押佳荷慊　晝 沸路　晏 沸固路　旱 沸迭利

旰 沸太固　晃 沸佳利　冷 自自世　季 自耶 世欲固　晦 兹課自利

飈 佳射　旭 押腮世　景 大氣 佳致 佳杰　代 欲　社 耀

閏 烏路烏　比 課慊六六 奈剌付　昨 氣欲　魁 大氣　世 欲

人物

君 氣寨　王 寨佳大　皇 氣寨　郎 剌禺 易兹剌課　軍 易固腮

師 世　徒 易太兹 大目　員 佳自　儒 法佳世 法佳射　屠 荷付懦 荷付六

囚 大剌禺 邁兹烏　朋 大目　倖 大目 列烏 兹佳腮大路 阿迭　儔 大目　倫 大目

儕 大目　曹 大目　兒 致敬 致課 課　親 致致 寨梭佳剌　男 阿大課

夫 阿烏大 阿大課　耆 阿氣寨　翁 阿氣奈　姨 阿課世烏大 阿法　公 阿阿耀杰 氣寨

生 阿太　甥 阿易　姑 阿法　儺 乂歪剌易 阿乂押剌易　童 佳付六 倮兹課 歪剌歪 歪剌烏穴

吾 歪列　余 寨 歪列　予 歪列　僮 歪剌穴 耀兹課　儂 歪列

賢 佳世課世 佳世課列　妹 佳阿欲世 佳目歪太　巫 佳乂奈氣 寨右　神 佳寨　祇 佳寨

伊 佳列　民 太寨　黎 太寨　氓 太寨　誰 太列佳

魂 太邁世　工 太固寨 課付 右付　農 奈付 太兹固剌　伶 列易　僧 梭烏

儲 邁烏固　司 兹佳腮太路　官 兹佳腮　番 兹佳烏　媒 奈佳太致

宗 慕棨　娘 慕自蔑　醫 固自　兵 兹歪目懦　奴 耀兹課

賓 邁刺烏大　孫 邁課　昆 課懦佳容　胡 耶沸自　兄 課懦佳容 押又

夷 耶沸自　我 耶沸自　蠻 耶沸自　羌 耶沸自　商 押氣 世耀烏

尼 押又 押邁　樵 氣課路　妃 容 氣肥氣 沸蔑氣　妻 蔑 蔑易　揮 世兹佳

仙 射又 射列　人 沸 沸大　倭 歪　陶 自耶目懦　漁 自奈大路 耀目蔑

爺 致　孀 耀目蔑　婆 耀目蔑　魔 邁　姬 氣肥氣 沸蔑

鄉 太致　盟 致佳烏　梵 荷人　佛 荷大致 容佳大　后 氣肥氣

妹 易自烏大　母 法法　友 大目　伴 大目　輩 大目佳刺

侶 大　父 致致　吏 刺　盜 恕自沸大 蔑自沸大　主 恕世 兹佳肥大路

舅 阿致 容烏大　叔 阿致　伯 阿致　姪 阿又 蔑易　叟 阿氣奈

弟 阿大大　祖 阿阿致 大佳蔑固　女 阿又蔑 蔑自蔑　自 阿懦兹佳刺 欲刺 容兹佳刺　我 歪列

堅 歪刺法　眷 佳穴刺容路　朕 歪列　硯 佳又奈氣　傳 佳世容固

考 佳烏 佳又佳烏　詎 太列佳　督 太太自　屬 太固易 兹固　孰 太列佳

旅 太沸　橐 太固沸　飢 太橐 兹固　爾 極利 奈又致　其 極列佳世 奈又佳世

佃 兹固太　職 兹佳腮　使 兹佳烏 射世慕 兹佳易　仕 兹佳烏　嗣 兹固

汝 奈又致　婿 慕課　族 耀佳利 抑奈佳兹　婢 耀兹課　守 邁荷路

子 課　狄 耶沸白　賈 抑氣沸大　婦 蔑 欲蔑　妾 蔑

士 世沸大 腮付利易　健 自課耀佳又　醜 審又固世　尔 世佳利 欲　嫂 欲蔑 抑又欲蔑

丐 課兹世氣　傀 迭自　傴 世　姊 佳目歪大 抑業 抑又　帥 易固腮

巳 阿懦利　各 阿懦懦　寡 耀目蔑　娌 抑易慕課　聖 世耀烏 沸世利

獨 沸大利　介 白杰　道 大烏　幼 致黎奈世 易大　妣 法歪 沸

息 耀　伍 大目　僕 荷固　稚 歪佳世

宫室

宫 審耀 審耀課　庵 易阿利 抑又　家 易 易六　盧 易阿利　樓 六烏 六六

階 法世　梁 法世利耀烏 烏兹法利　楹 法世利 法列利　庭 又歪 又法 迭又　墀 又歪

扃大課腮　扉大荷梭　大沸剌　樞大荷棭　圖路六　門佳大　軒佳六世　懦氣　杰文

監佳　堂太鳥　椽大路氣　摑大奈　大奈懦　闌太喬奈鳥奈路

閨業耀　廊剌鳥佳　欄剌又　邁射　臺鳥迭奈　簷懦氣

倉圖剌　廚圖刹耀　籬邁佳氣　邁押氣　墻邁圖腮　邁梭腮　窗邁大

櫳邁大　法世欲迭射　祠邁盃路　邁窬路　廟沸腮世　樓自慕世耀　自窓佳　塒大圖剌

亭迭又　致又　致利　桁杰大　屏穴易　房佳附　附腮　甍易剌佳

圃佳盃耀　廳致耀鳥　閣鳥邁耀　居阿氣　阿路　易路　殿大懦

宅易耶　易穴　太圖　礎易世　太　易世自耶　易世自右　柱法世剌　陛法世　户大

檻阿法世邁　棧佳杰法世　碓佳剌鳥自　爨佳世圃　局敓荷業　佳邁盃大　佳邁大　穴盃易

閘佳圃　署盃佳腮　棟慕奈氣　廐慕邁耀　客邁耀　榭鳥迭奈

庫圖剌　屋耀　易穴　易耶　宇耀　架邁大　牖邁大

寺迭剌　霤押邁太路　砌窬氣剌　甓易世太太　埼奈致列鳥　梭列　列盃

院 易乂　廟 沸烏穴烏　瓦 佳法剌 佳歪剌　閣 佳烏　碟 易世白穴

板 易太　舍 易穴　闔 大沸剌　藏 固阿　梠 課邁易

柵 世佳阿審　閾 世氣審　肆 易致固剌世 佳路佳 荷世易邁　閤 固剌世　厠 佳歪佳 佳歪覞

闢 腮腮世

器用

車 固路邁　輪 易兹利乂歪　爐 易路剌六　奩 法課　灰 法世 法易

鐵 法剌 世乂　旗 法太　箱 法課　機 法太 法太目懦　匣 法乂腮烏

箸 佳自 法佳路　旌 法太　幢 法大荷課　衡 欲課大歪路 沸剌　簣 欲課付耶 欲課付世太

裝 欲棱阿易　鋌 欲六易　幡 法太　鋒 荷課　戈 荷課

鋋 欲課　矛 荷 荷課　膠 乂佳歪　盂 荷大氣　帆 荷

椀 荷法世剌　甕 荷大腮路　盆 荷乂 荷大氣　盤 歪太佳邁 腮利洛　燈 大目世沸

硎 大　缸 大目世沸　鉦 大剌 大烏　綫 阿烏佳致　網 盃奈 阿烏盃奈

刀佳木奈　瓶佳莵 穴易世　攉佳利　橈佳致 佳杰　鈴利列 自㝠兹 自自 㓠乂 利易
鑰兹利 圖阿　弦兹路　鐘兹氣 佳業　維兹柰圖　材兹圖利氣
鉤兹利 法利　緘兹兹幕　甕兹兹穴　韜兹兹幕　鐸兹法 兹兹法
筒兹兹　輿課世　轍課大致　鍋柰穴　梯法世 佳杰法世
烽大付沸　轅柰佳耶　輸柰佳耶　鐺柰柰穴課世六　繩柰法
鞭幕世致 鳥兹 幕付致　軌鳥自目懦 世六氣自　鞍圖剌　梳圖剌 杰兹路　鍪圖歪
鑣圖兹歪　銜圖兹歪　鐙耀　鈇邁肥佳利　舡付業
艫大目 柰目 付業懦大旮　艙付柰法大　韝付利兹兹寐　囊付圖六　籠課目路
碁課　絃課大懦阿　琴課大　壘押寐　罝押寐
杯肥佳兹業　觴肥佳兹氣　觥肥佳兹氣　竿肥阿 肥懦　篙肥阿
醒肥佳耀遺易　卮肥佳兹氣　鍾肥佳兹氣　砧氣恕太　床右佳 大課
弓右寐　柴世法　鷀世太圖阿　瓢沸肥課兹付六　篩沸路 付路易

煤白白　簾自太列　簑審儒　研審佳圓　筀世耀烏

檣荷法世剌　蓬大邁　桴易柙太　易佳太　匙佳易　釘固氣

提沸脈杰　樽穴易世　鍵慕易六　筝世耀烏　槽慕邁邁葉

鏞杰慦氣　錐奈利　氣利　拴氣圓氣　磬審佳　鋤自氣　自杰

䇳烏兹荷　鍊奈邁　佳乂　梭沸　鍬世利佳乂　鍋兹兹六

杠右兹利法　槎烏氣　況致乂　斤阿儒　犂佳剌自器

龕佳乂　槌兹致　鈎兹利法剌　鏡業烏　乂欲烏　签烏杰　烏耶

環圓歪乂　棺圓歪乂　髓圓世　烟杰慕利　杰付利　毯迭邁利

罾柙家　氈射乂　篝佳佳利　槊大儒世慕　槖付圓六

鵂圓世利　蓋阿阿烏　佳易　佳腮　矴易佳剌　旋法世付業　橾易杰易

簑易佳大　籙六圓　筥法課　箒法烏氣　篲法付氣

戟荷氣　缶荷大氣　焰荷儒阿　砥大　帳大法剌

纜大目兹茂 大谷兹腮 鎖大腮自 世耀烏 鍵大腮自 愰大法刹 匱大荷世
礪大 軸致稜 致刹 致固 勒阿目兹刹 弩右寀 阿世寀 荷六右寀 斧阿懦欲氣
傘佳刹佳腮 刷佳易兹固六烏 紙佳寀 鼎佳奈穴 毬佳目
笠佳腮 鏡佳佳寀 佳寀 胄佳自大 械佳致 甲佳付大
筧佳赤沸 鐙欲六易 枕欲路 邁固刹 桶太路氣 阿赤 簞慕世六 大佳慕世六
索奈歪 席慕世六 鞅慕奈佳易 鑿烏佳兹 懦 臼烏目
漆烏路世 鋸懦課氣刹 櫛固世 赤兹路 轭固沸氣 串固世
轄固腮沸 鑾固兹歪 鏁固腮刹 輻固路邁懦耀 砧耀氣
矢耀 箭耀 鏃耀世刹 耀腮氣 組邁奈易太 軾邁耶易太
鏵赤怒氣 舶付業 袋付固六 笛付邪 舸付業
單課慕 輦課世 笈付乂法課 筆付迭 箕慕 慕付致
扇抑付氣 鞘腮耀 盞腮佳兹氣 爵腮佳兹氣 棹腮阿

轂 氣世路　杵 氣棗 世目圀　綢 抑密 兹奈　荐 世氣利奈利　櫃 沸兹
籔 沸路　柄 佳剌　甕 目大易　炭 自密　硯 自自利
墨 自密　箸 自太列　磨 密佳回　襯 世太佳肥棄　舫 沸剌太
舳 穴　艪 穴　鈸 法致　磬 氣又 杰易　鉢 法致
架 肥肥付　盥 太剌易　釜 佳邁 佳又　榼 太路　碗 歪又
筒 杰　筅 肥肥剌　鍤 自氣　櫪 付密易太　鏁 付世
鉞 邁肥佳剌　斗 大 邁兹　鐙 抑付白 抑付密　鞦 烏兹荷　節 法太
刃 佳大奈懦法　几 兹回耶　鼓 兹兹密　裹 兹大　繫 兹奈圀
絆 兹奈圀　縶 兹奈回　管 回太　簇 世易易　匣 法課
棒 法烏　杼 大致　鞅 阿目 佳易　枴 歪烏課　械 佳易
楮 佳烏棱　楯 大致　劒 杰利 兹路氣 兹兹路氣　柄 兹佳 佳剌　机 兹回穴
鍔 兹法　鏑 耀腮世　篦 懦　幕 邁圀　黛 邁右自密

札付回 芴課兹世櫂回 錀耶佛 董耶 繪耶
屐神列太神世太皿腮阿 榻世杰 鏈射文 簣自
鐸自兹 錧太致 耒自氣 鎩梭回 銃兹路穴
褭兹兹慕 筵付六易 䖂課世氣 貫兹柰自氣

鳥獸

龍太姦利烏 鱗易歪利兹烏六回兹易六課 牲易杰邁旋 鶵氣世 蟦法邁圖稜
蜂法致 蝿法課法易 雞文歪大利文法大利 螢荷大路荷致路 鵾荷大大氣世蔑自
蛇穴沸回致柰歪 禽大利佳利 鵖大沸 鶩阿世 鷘阿世
鳶大沸 鴛阿梭慕邁 麋阿世佳世佳 麕阿世 雄阿文大利
狼阿烏佳寤 鵰歪世大易回邁大佳邁大佳 龜佳蔑 鴻佳利佳利佳業課烏沸世圖易 鷗佳目蔑
烏佳剌自 鵐佳剌自 黿佳蔑 蚊佳 蝸佳太兹付利
鬣佳易課 蛙佳易路 麝佳懦課 翔佳圖路 翱佳杰路

黿 佳目　鼇 佳茂　鷹 太佳　鯛 大易　鮹 太課

驂 梭穴慕邁　猫 業課　蟲 慕世 易恕 慕固　蚣 慕佳迭　鸞 烏佳易白

鵴 烏自料　魚 烏阿 邁奈　鷓 世課　鸕 烏肥氣慕邁　猪 易懦世世

豚 易懦課　豨 易懦課　駃 懦自　熊 固邁　麞 固世佳

鴟 耀邁大利　鷀 押柰業自密　鳩 押兹慕 易耶法大 沸丕 法大　猿 肥路　猴 肥路

猱 肥路　犀 肥易射懦易　狐 氣兹業 固兹業　蛩 氣梭梭自 氣利懦自　雎 茂大利 茂人大利

蛸 太課　翅 押佳路　蠰 押佳路　蚯 密密自　蜉 佳穴路

蚊 密兹致　麈 弋在 茂世佳　蛾 沸易路 沸路　雛 沸奈　羊 沸兹世 耀烏

蟬 射密　蜩 射密 沸大利世　螢 射密　鱸 自自氣 自兹氣　鯨 固固列迭 固世剌 梭固致剌

鯢 茂固世迭 茂固欽剌　鮫 易路佳 肥茂　鮎 押右 奈邁佳　鯖 肥法　鰺 佳致 押杰

鯔 奈欽世　鱑 世沸　鯤 阿沸易阿 氣　鰍 茂太佳　梟 付固六烏 付固六付

鵝 烏　鵡 兹　鵰 肥濕 射氣　鶴 氣 列易　鳳 阿烏

鶬 烏兹剌　蟊 押付　蟊 荷烏　蝦 耶沸　螯 佳乂
蛉 邁氣　獱 烏檨　狸 太蔑氣 大恕氣　獅 奈乂　鸋 剌烏剌乂
麒 氣　焉 耶大　騏 氣　貍 世耀日　鰻 易路佳
蟑 法世家　蝗 法烏　鮭 肥杰　鰄 佳付氣　鯪 付世目致
鱒 邁自　鯛 大易　鰽 法邁致　鮠 法耶　螺 荷剌佳易
鮲 大沸烏阿　鰡 奈欲世　鯉 氣佳歪　鰹 佳兹　鯆 太致烏懦烏
鸗 大佳穴　鯕 奈邁兹　螻 致送　駒 課邁 邁慕　鮎 自世
羦 乂圓　猧 懦耶課　貂 送乂　蚶 押佳佳易　鴛 押兹大利
鵃 客肥課　鷄 世大圓　鴿 沸歪　羔 沸兹世　魴 自阿利
麟 利烏 利乂　鵂 佳易兹付利　鮡 大懦大易　囮 阿大利　鸝 烏圓易自
尵 烏兹　鵵 兹耶　鳰 乂阿　鶩 歪世　鷲 太佳 法易大佳
獸 杰大目懦　蝸 太乂　鳳 荷烏　犬 易恕　狗 易恕

鵠 法大柰邁法大 耀邁炔大　隼 法耀付腮　蜃 法邁固利　蛤 法邁固利 法又固利　蚌 法邁固利

豹 穴鳥 法鳥　鷲 法白 佳目　介 法腮菒 自固　烏 大剌　虎 大剌

牡 阿　鶡 歪世　鷹 佳利　鴨 佳目　鸛 佳腮腮氣 耀邁佳剌自 佳剌自

蝌 佳又　蠣 佳氣　卵 佳易課　鶴 兹路　燕 兹法蔑

鼠 業自蔑 業自盗列　蜆 剌兹　馬 慕邁 烏邁　犢 烏世懦課 烏盗世　兎 大烏脚氣

豕 易懦課 易固課　蚕 懦盗　鶺 固固易 課固 太太易　蜢 課　鶯 法耀世佳剌 烏梭

鵜 右耶　鯽 付柰　鯉 課易　畜 杰太目懦　蟻 押剌

蚋 押付　鷺 腮氣　雉 氣世 氣列 氣腮世　蟣 氣世 世剌鲞　蚓 盗盗自 課烏六氣

翠 盗大利　鹿 世佳 六固　蝨 世利盗　鵙 目目 易自佳　雀 自自蔑

蜆 耶耶 耶佛腮　鷄 法易太佐 法耀付腮 法世大利　貘 法固　鰐 歪又　鱸 烏柰氣

鱺 蔑蔑腮課　鰷 腮易　鯁 惱氣　鷗 太佳　鶻 法耀付腮

蛭 沸路　蚱 易柰　蝶 致烏　貉 慕世柰　獺 烏梭 佳歪烏梭

䲡付固六　鵲固固易　鷂法易佳 路課佳　鵪茲太客　鸒鳥刊
鱗氣　鱻世客、法世客　鰑自路蔑　鱐世抑致自六　鮒付奈
鰪法慕　鮇佳邁茲佳　鯷沸世課　蟀荷太路　鱔易路佳
鰃易太致　鵄易世太氣　鼬易太致　䖝易恕課　祟太太路
目佳易　蝮固致法客　魍課大邁　鮻課懦世六　鯡又世又
鴷迭刺茲茲迭　鰈列易阿　鯇抑蔑　鮹世沸　鰍自法世刊
䅣易懦課　駿邁路慕路

花木

桃目日　英法奈　花法奈　蓮法致自 法自　茄法致自奈自沸
葩法奈目刺　蕖法致自　櫨法世刺　榆又列 又列懦氣　穠又氣耀佳世
檀荷大課自 課右客　茶致耀　榴利烏　荊阿大六 慕世刺　柯阿懦懦耶 耶太
檖歪刺沸　萱歪自列固腮 抑耀　柑佳又世 佳歪茲　楓佳茲刺 目客志 佳易迭　椑佳氣

蒲佳邁 佳又　菰佳邁 佳又 課日　蒻佳利固腮　模佳太氣　枯佳列烏利

香佳佳烏 佳烏法世　芳佳烏法世　芬佳烏法世　苛佳剌世　蓬欲自世

蕭欲自氣 佳剌課課日氣　蒿欲目氣 柙剌剌氣　橙大致法奈 佳付兹 隽致　鎢太杰　篁太杰

薪太氣兹 太氣氣　椿兹兹氣 兹法氣　根業　荄業　黏業

苗奈耶　梨奈世　蘭剌又 烏又 柙烏烏氣 柙致法佳邁　梅纂蔑　萍烏氣固腮 烏氣

蘋烏氣固腮 烏氣　蘩烏氣固腮 法課六　查烏氣氣　瓜烏利　芸固腮氣路

株固氣　桑固歪 柙歪致　梔固杰　蔬固沸剌　莖固氣

楠固目 固目氣　楊擢奈氣　藤付致 大烏　梢課自耶　標課自耶 自歪易

蘿課杰　苔課杰　枝耶太　枚耶太　槐耶又世右

松邁紋　稀邁利　萁邁蔑佳剌 邁蔑佳阿　蒔邁固　棠奈世 柙邁奈世

蘆柙世　麻柙腮 柙腮懦　藜柙佳腮　葭柙世　蕪佳付 佳付剌 奈

櫻腮固剌　梧氣利　桐氣利　葱氣 沸大目世　樗柙烏致 右路氣

梁 氣沸　著 蔑大　茵 世大業　萎 世荷慕　蕃 世赤世

楸 沸腮佳氣 沸腮赤　茭 沸世　芹 射利　菅 自赤　莎 自杏

杪 課自穴　荷 法致自 法自　杉 自氣　榕 沸易剌氣　樟 固六氣

芝 世法 世　蕪 法課穴　葵 押阿易　椆 氣沸世　菠 固大阿腮

菘 大佳奈　蕢 自氣佳　薯 耀邁懦易目　菱 沸世　蒹 蔑佳課

榛 法世法窓　薑 法世佳窓　椋 慕固　枇 世沸耀氣　枇 沸

杷 釜　粳 烏路 烏路世業　萩 法氣　藍 押右 押易　梗 固自氣

茶 阿荷懦致　樫 耀奈氣　槻 銯氣　楢 奈剌懦氣　棕 大固懦氣

苦 大邁　禾 易欲　茅 致佳耀 大致 佳耀　茨 慕法剌　薺 奈銯氣 奈銯蔑

菁 奈　椅 烏路世奈氣　叢 固腮慕剌　槙 邁　椎 世易

匏 沸腮課　棉 目蔑文　薄 自自氣　董 自銯列　李 自日目 自世世

蔓 法沸課路　蕚 法奈　蕊 法奈　菜 法　莠 法固腮

日本一鑑窮河話海 卷五

杏 法佳路 佳剌目目　薤 又剌　朴 荷烏惴氣 自恭烏恭路 荷囫惴氣　蔕 荷撥　檍 荷 惴氣

棘 阿大六 慕法剌　末 阿杰杰付　荻 阿氣　蕨 歪剌沸　馥 佳又佳世

蔭 佳杰　柏 桂耶 佳耀 押　桼 佳剌奈世　枳 佳剌大致 佳付大致　桂 佳兹剌

柿 佳氣　葛 佳兹剌 囫自　楷 佳易　榧 佳押　薇 阿阿烏

艾 欲慕氣 目囫肥　華 欲慕氣　竹 太杰　筍 太杰又桼 太佳迭　蓼 太致

棗 桼兹蔑　稻 易欲　穀 課冏　麥 慕氣　樹 烏烏氣

卉 囫肥 囫付　粟 囫利　菓 囫太目惴　藥 囫自利　柘 囫歪

葚 囫歪惴寂　絮 耀惴法　荏 耶 耶課　朵 耶太　柄 耶

薜 課杰　葦 押世　槿 押肥 佳烏 押肥佳阿 慕冈杰　菜 押阿桼　茜 押佳棗

核 肥棗　槃 氣歪太　菊 氣囫　木 氣　蔀 世太寂

蒜 沸路 致目大　檜 沸惴氣 自氣　瓠 氣肥課　芋 易目　茂 目自

蘗 氣歪太　椹 肥歪佳　杜 右兹利法　楮 佳致　楚 世氣大

杈 遙固付利 遙大付利　檞 佳世歪　藥 易致課　莧 沸易 沸右　苫 致世耀

薢 押腮密　藕 法致目 法自懦業　欖 佳鳥　薹 邪沸業　櫺 目致

栗 押歪　黍 奈沸 氣沸　荳 腮腮氣 流茷 固遙丕　柳 押氣 耀奈氣　桯 某六

稼 太葢固利　穡 法大杰葢固利　荻 梭氣 阿氣　蘭 易　藁 歪剌 歪阿

秬 氣沸　楝 佳梭致 押烏致　梓 押腮腮 押葢腮　種 太業　稗 沸 沸右

穚 氣又 大致法奈　柚 右　葎 慕固剌　蓀 法自　榳 佳致

苣 紋列糀　苧 阿 歪剌烏世　芥 押固　薈 葢荷目　莱 奈

草 固付 固腮　菌 固射 耀烏　路 付氣　蔄 付致法佳遙 阿法奈　榎 耶懦氣

篠 腮 世懦　葱 世懦付　檜 世氣密　藻 目　芙 密葢固氣

身體

身 密 世又　膚 法太穴 法大佳 法太耶　胎 法利課目懦　腸 法剌歪太 法剌歪固　胞 法剌慕

娠 法利慕　拳 又氣路 課付又　頭 佳射剌　脖 荷梭 穴梭 穴烏　顖 阿氣佳易 耀世奈烏 阿氣六 阿大佳易 槲阿大仕易

顏 佳剌 阿目致 佳乂法射　皮 佳丘　容 佳太致 右列自　形 佳大致 自佳太　尸 佳法業 兹佳腮大路 世乂佳法業 世佳法業

顴 佳廿剌　涎 欲太路　牙 大佳易 氣法　膚 慕業　胷 慕業

喉 憍乂大 憍大　跟 固沸自 氣沸自　脣 固致沸路　齡 欲歪易　精 固歪世 世剌固 仍

眸 邁奈世剌 谿世剌　眉 邁課 邁耶　瞳 邁奈課　毛 杰　毫 杰兹洪

翎 兹法腮　顴 荷　膁 慕課自業　痺 烏路慕　椎 兹易

髏 烏寀　肁 棱沸　腰 課世　懷 付大課六　情 課課六

腮 押氣大　蹤 押大　脂 押付剌　膏 押付剌　骨 押付剌

肝 氣目 押世太兹　胝 押佳剌 沸沸　躬 寀　軀 寀　顫 沸杰

鬢 沸杰　髭 沸杰　肱 沸致　鬚 沸乂兹剌 佳兹剌　胼 穴列

尻 世剌　溲 烏法剌　姿 自佳大 佳大致　筋 自致 自杰　臆 世剌

臀 世剌　咽 憍乂太 憍易大　肌 法大耶　魂 大邁世　脬 付右

肥 課耶大剌　肢 邁太 耶太　尿 課法剌 世大 右法剌　蹄 沸兹蔑　睛 沸大寀

暈 氣世氣腮世 氣列　鯑 易六課烏六固兹 易歪梭兹　支 腮腮烏　體 審 太易　頂 易太太氣

姙 法剌慕　孕 法剌慕　亂 法佳固　脛 法氣　骨 荷葉

血 致　乳 致　頷 阿大佳易 慣阿大佳易　梅 阿阿右沸　面 佳剌阿大迭易六阿月迭 阿目致 兹剌 阿目迭易

脇 歪氣　首 佳世剌　髮 佳審 六　狀 佳太致　貌 佳太致

像 佳太致　齒 欲歪易 法　足 太列利　掌 太奈課課六 兹佳腮大路　頰 兹剌 荷烏

唾 兹歪氣 欲歪氣兹法氣　踝 兹付付世 兹兹剌　目 奈 茂　腦 奈兹氣　涕 奈又太 自自法奈

淚 奈又太　臆 慕業　頸 固沸　項 固沸　口 固致

屎 固梭　鬢 固課佳審 沸又 沸杰平　眼 邁奈課 法杰又　臉 邁奈付太　意 課課六

志 課課六腮世 腮固歪又　手 迭　脚 押世　跡 押大　跛 押世奈耶

養 押世奈耶　趾 押世　膽 氣目　氣 氣　質 審 世致

肉 迸世慕剌　膝 沸腮　額 沸太易 邁易太迭　肘 沸致 佳易奈　髻 目大大利

股 目目　背 射奈佳 梭氣固　脊 射奈佳 太　臂 沸致　耳 審審

腹 法剌　鼻 法柰　舌 世大 法世兹　指 右沸　爪 兹蔑
腕 烏致　脈 寨耀圈 致太 致懦 密致　腕 太付聰 烏氣 烏致　屌 邁剌　額 沸太易
腧 右　踵 圖沸自 氣沸自　屁 沸　汗 抑射　胃 易
羽 法 法業　勢 穴乂課　節 兹佳易　腑 付　醫 耶圖荷
溺 右法剌　脊 世乂　皺 世歪　蜣 目慈圈　性 射易
翅 兹法腮　翰 兹法腮　翼 太自兹　咮 圖致法世　喙 圖致法世
距 抑太易　膜 邁杰　翟 氣世　膜 烏自佳歪　臟 梭 表
髓 自 逶

衣服

冠 佳乂慕利 佳慕利　絲 易大　紳 阿沸　綿 歪太　幬 致烏
鈿 佳人腮世　帷 佳太沸剌　箅 佳乂腮世 佳烏佳　縑 氣慈 佳大利　繒 佳大利
裘 佳歪課大目　巾 大奈課易　裾 梭逶　袍 烏法氣慈　羅 烏自目懦

紗世耀烏自目懦　韈固兹　韡固兹　毬邁利迭邁利　衾付自邁
衣課六月　襟課懦固沸　綾押耀　裙目目自梭固又　絺荷梭懦怒
緣穴利　釵佳又腮世　紬兹慕氣　衫腮又　綦固兹懦阿
裳目自梭　紉奈烏　服氣路　緒阿易大固致　線易大自致
繐易大兹致　毳又課杰　錦又世氣袴法佳邁　繡怒易目懦　緯怒氣
帶附付阿沸　纈阿沸歪太　絮歪大　幘佳付利　綺佳大利六烏課大佳
襞佳腮怒　袂太目大梭迭　袖梭迭　紐慕自付　領固兹
屨固兹　領固沸　幕邁固　被付自邁　氅杰課六月如
襖付自邁押荷　衣氣路　絹氣怒　縞世六世　布世固怒懦
釧太邁氣　納太沸　緻兹荷懦烏　繖兹兹梭　綻阿課六村
幄押杰法利　幌法杰　績烏慕　紡兹慕梭　綴沸荷
補兹自路　褐兹世　袷押歪射　褶世剌　裹兹兹嵤

珍寶

金 誅佳業
財 太佳利
背 太佳剌 自杰
珠 太邁
珪 太邁

璋 太邁
琪 太邁
璜 太邁
瓊 太邁
瑶 太邁

璆 太邁
環 太邁
鉛 奈邁利
璫 課世判
銅 押佳佳業

珍 茂滋剌世 太邁
瑩 家佳囮
錢 射又
銀 世六佳業
鋼 奈邁利

晶 自易世糶烏
玉 太邁
貝 佳易
寶 太佳剌
貨 太佳剌

璧 太邁
瑛 太邁
璞 太邁
瑾 氣自
玷 氣自

鐵 囮六 業
錫 世糶囮剌烏
鎰 佳氣
汞 家滋佳業
銑 射剌

飲食

粮 佳致
酪 又誅利
糠 恕佳
糇 佳致
糟 佳白

糜 佳右
餬 佳右自自路
酣 太杰奈法
眚 奈墓 課課六墓 墓佳世
饋 奈邁囮犯陇

腥 奈邁囮愳世
燥 奈邁囮愳世
筵 慕世六
醯 烏自世
吞 懦慕

吃懦又大　噇國剌烏　斟國慕　飡幽烏烏　漿課又兹
油押付剌　餹押蔑　餳押蔑　湯右　醒腮慕路
醲腮佳太羅世　甘押邁密　押佳世　羹押兹慕懦　酸佳又　自世　自易世　鹽世阿
淡世大氣　饑國腮目致　漿烏目課　麩付　饅佳兹剌
辛押剌世　餇又列佳慕　業揀佳慕　餘丕杰　糟佳自　滓佳自
糊懦利　飴押囊　精世剌杰　餐佳右　饑烏烏
酒腮杰　飯易　吐法國　米課蔑　粒兹付
糈目大　糯目密　糒荷世易　脯荷世兹　味密　押致付又
餞法奈慕杰自　粽致邁氣　膳阿自懦　射又　饋阿國路　粥佳又
歠佳烏　飼佳烏　餉佳列易自　甜業付路　吮業付路
膾奈邁自　飲懦慕　酌國慕　食國剌烏　杰　喫國剌烏
嗌國剌烏　宴羅自世　飫押國　飽押國　醴腮杰

餅 目致 目致易 飣 目路 醲 世世沸世阿 啜 自自路 胙 沸荷六杰
饊 世付 糌 沸世阿 麪 蔑文 腐 押兹氣 固兹 糝 寨法烏兹 烏兹 寨
苦 又易世 祿 六固 六歪 粕 佳自 麭 佳烏世 醉 耶烏
炙 押付利目懦 汁 世路 鮓 自世 餌 耶大 餈 耀世奈烏
炮 兹兹盗糕氣

文史

文 付寨 符 佳奈烏 書 付寨 世利自 詞 課大法 咨 奈杰烏
笔 押刺法自 批 烏白 編 押慕 銘 蔑易 憑 砍路 太懦慕
圖 法兹路 經 法業 牋 佳 題 押刺法自 沸太易 表 荷佳 穴烏
註 致烏 釋 大固 阿固 誓 致佳烏 帙 致兹 律 利烏
畧 利邁棱 印 阿白 易文 阿世氣 訓 阿世烏 帖 太太藥 禮 剌易 烏耀邁烏
法 懦利 荷烏 旨 慕業 範 懦利 度 懦刺 大沸 式 懦利

義 懦利　憲 懦利　則 惼利　賦 國法路　句 國

曲 國邁 氣欲國　巻 邁國　說 邁烏國 大國　蔺 付太　札 付太

敵 邁烏自 沸刺國　檄 付太　牒 付太　籍 付太　策 付太

牘 付太　翰 付送　判 課大法路 法乂 腮自　諭 腮大自 太易烏　赦 右路自

勘 佳易佳烏　集 柙致邁路　記 世六自　錄 世六自　示 世蔑自

引 國沸　易 燿自世

聲色

聲 課穴　言 易烏 目懦佳大利 邁烏曰 課大诰　嘶 易法烏 易奈奈 國　云 易　論 六

吟 乂欲烏・　嗥 荷烏　謍 荷邁別　誇 荷課路　訣 穴蘇刺烏

詢 大付刺烏　呼 欲付　諳 梭刺乂白　誹 梭　譏 梭世路

啼 奈國　哌 奈國　啾 奈國　嗚 奈國　嗟 奈杰國

噫 奈杰國　歌 烏太　謳 烏太烏　謠 烏太烏　紅 國刺奈易

緇 囮六世	譬 課太烏	鮮 押腮耀佳 押邁自	丹 押佳剌世	誣 世烏	咍 歪剌烏	誠 易乂世慕	吠 荷乂路	聞 太烏 太易	誨 阿世烏	聒 佳遑沸自自	黑 囮六列
玄 囮六世	蒼 押烏世	黃 氣奈路	朱 押佳世 世右	譒 世六世	色 易六 世氣	詐 易兹歪利	吼 荷烏	語 大烏 奈世路	訥 阿	讀 欲慕	嘻 慕自
班 遑太剌	緋 押佳世	青 押阿 押阿世	殷 押佳世 易乂	談 目懦佳大剌 押太路	彩 易六	嚕 六	讚 荷慕路	訪 大付剌烏	哂 歪剌烏	喚 欲付	紫 慕剌腮氣
彤 押佳世	紋 押耀	啞 押腮慕囮	嘲 押腮杰路	調 大大懦耶 大致烏	叱 易腮付	議 法佳路	嘆 荷烏 橐杰囮	詛 大課烏	咲 歪剌烏	誑 太付剌佳自	咏 烏大烏
音 課耶	新 押剌	訛 押耀邁利	讐 押太	哮 荷右	警 易乂世慕	唄 法易	唱 大橐烏 烏太烏	訊 大烏	語 佳太路 目懦佳太剌	謗 梭世路	諾 烏杰

訴烏梭太烏　嘯烏太慕固　嗷烏佳易白　訟烏兹　罵懦路
詈懦路　詬懦路　皂固六世　黛邁右白窊　紺課又
絳柳佳世　赤柳佳世　諦柳氣剌佳　謬柳耀邁利　誤柳耀邁利
喘柳耀固　吽腮杰付　訝右付佳路　許右路自　讓右兹路
囀腮耶兹路　皓世六世　白自腮邁世 世六世 法固　綠窊大利　碧窊大利
素世六世 目大　話目懦推大利　唤目大路　咒懦六　咀烏
諸又　訣歪佳路　讖梭世路　訕梭世路　訾梭世路
喻太易烏　唯太太
干支
丁沸懦大　庚佳懦大　辛佳太大 佳剌世　壬窊旋懦耶　寅大剌
辰太兹　申腮路　除懦梭固 法剌烏 又歪　平太易剌 太沸剌 太佳剌佳　危柳耀付
成奈路 世杰　收阿腮慕 付慕　開沸剌固　癸兹懦大　甲氣懦右

乙 氣懦大　丙 沸懦耶　戊 兹致懦　己 兹致懦大　子 業自家

丑 烏世　卯 烏腮氣　巳 穴沸　午 紫邊 烏邊　未 沸兹世

酉 大利　戌 易怒　亥 易懦世世　建 太兹　滿 家兹 家自路

定 腮太慕　執 大路　破 耀付路　閉 大兹

卦名

乾 易怒易 沸路 佳丕岡　離 家奈家　坤 沸兹世腮路　坎 氣太　震 付烏

巽 兹家　兑 又世　艮

數目

千 欽　九 兹岡利邊丕列　雙 奈剌付　奇 神耀世　單 沸大耶奈剌

三 家　員 佳自　升 世　釐 列　萬 欽六課付

五 易兹兹　幾 荷大之夫　十 大　兩 利邊烏　數 佳自

簡 佳自　四 欽兹　伴 岡大路　二 村太兹　百 目目

一 付大兹 七 奈奈兹 八 耀兹 九 課課奈兹 鑑 易兹
隻 佳大国 片 佳大国 合 課 石 課国 六 慕兹
通用
閞 氣国 甼 易耀世 嚴 易兹国世 劬 易太歪路 兹佳路 勞 易佳歪路 易大法路
延 易沸耀沸世 懦什 傷 易太慕 痊 易耶 佯 易兹法路 逞 易大遶
聊 易𦝫𦝫佳 投 易大路 奈国 争 易佳逘佳 押剌拔島 慈 易兹国世 烏兹国世 忙 易拔佳歪世
析 易懦世 鎔 易押太 量 法佳路 圖 法佳路 謀 法佳路
謨 法佳路 稱 法佳路 憋 法兹 羞 法兹 自自慕 陪 法又穴路
離 法奈路 歪佳路 遥 法耀 自家耀佳 彈 法世国 大又 驅 法自 佳路 穰 法剌島
憎 又阿慕 亡 又国 荷六付 烏世奈島 擔 又奈島 賙 又烏歪自 贍 又氣歪自 家路
封 荷島 程 荷 褒 荷慕路 經 穴路 施 荷大課自
更 穴阿利 廳 穴世 淹 大大遶路 停 大大遶路 聽 大世 黑大世 家家大世

倶大目 留大大邁路 資大棲 研大棲 婚大兹固
諧大欲島 徃奈島 捫大路 盟發佳島 劉利島 倫怒自慕 沸棲佳
柚起氣文欲 塗恕路 縫恕易茂 鷸荷大腮路 惷阿六佳
愚阿六自 侵阿佳自 感阿大自 思阿目島 惶阿棲路
鶩阿大六固 驕阿欲路 奢阿欲路 阿謀路 悻阿目列六世 押歪茂路 遲阿棲世
徐阿棲世 固 糴島糴 追阿島 排阿世沸剌固 從阿島 欲路 推阿白
潸阿欲固 賒阿氣懦路 法路佳 蒙阿阿 佳島固路 凝阿六佳 恢阿阿易奈剌
慳阿世慕 煩歪兹剌島 議歪自路 忘歪自路路 私歪太路 歪太固世
趨歪世路 靈佳密 列易 悲佳奈世密 修阿腮慕 奈佳世 姦佳世邁世
畋佳利 蒐世糴島 歸佳穴路 皈阿目慕世 還佳穴路
迴佳穴路 茂固路 旋佳穴路 茂固路 褰佳佳固 昇佳固 揩佳又佳島
炊佳世固 懸佳佳路 包佳恕 兹燚慕 桃佳佳 藏佳固白

樞 佳易兹固六烏　拘 佳烏路　賁 佳朏路　傾 佳太付固　搖 佳固

攀 欲兹　歡 欲六課沸　欣 欲六課付　怡 欲六課付　愉 欲六課付

熙 欲六課付 沸六慕　宜 欲六世 固刺世 烏兹路　嘉 欲世　佳 欲世　能 欲世

良 欲世　仍 欲路　因 欲路　由 欲路　邪 欲課世邁

依 欲路　供 太致邁兹路　持 太日兹 日致　要 太穴　堪 太耶太刺

尋 太兹業　患 太太世　寃 太世柰蔎 押蔵　裁 太兹　縱 太太朏邀

逑 太固易　焚 太固　耕 太佳耶自　狂 太付路　嬉 大懦世慕

娛 太邁世慕　扶 太自固　攜 太兹朏烏　匡 太太自　撓 太丕慕

廉 列又　祛 梭迭　猜 梭業慕　其 梭列　夫 梭列

存 梭又自 邁人太世　添 梭又自　歙 梭占太恣　睽 梭慕利　乖 梭慕列

庸 兹業 日致烏踏然氣押世　祇 兹兹世慕　靉 兹佳路 固付朏　瘦 兹佳路　罷 兹佳路

勤 兹大慕　辱 兹太奈世　衝 兹固　常 兹業又　傅 兹大烏

爲兹圖路、 連兹剌奈路 聯兹剌奈路 殫兹圖自：行兹剌奈路 右圖
撞兹圖 春兹圖 齋兹兹慕 麦兹兹世慕 賡兹圖
希業佳烏 眠業慕路 艱奈耀慕 中奈佳烏致 央奈佳法
長奈佳世 無奈世 何火又梭 奚奈又梭 胡奈又梭
斜奈奈莨 生奈路 高太佳世 臻易又大目 彌易欲欲遶自歪太路
遥法路隹奈剌 遐法路佳奈剌 馳法自 迢法佳路 悠法路佳
單法路佳阿欲升 淆又課路、 東抑兹邁沸又 西又世 句又阿易
渾又課路 洿又課路 餓又歪佳 幽荷大剌圖邁佳自佳 纖荷梭世
疏荷路 攸大課六 飛付 幾致佳世 遠大烏路
通大烏路佳欲烏 耶致致 衆阿阿世 多阿阿世 洪阿阿世
饒阿阿世致路右太夷 同阿世 衰阿大六烏 惟阿目烏 疎阿六梭佳烏大世
興阿課路 零阿兹 橐阿阿兹 凡阿欲梭 纔歪兹佳

实 歪腮歪易　殃 歪腮法沸　蟮 歪太佳遶路　重 佳腮奈路　兼 佳起 大

該 佳怨　輕 佳路世　曾 佳蔹迭　驟 佳　罝 佳遶沸自世

難 佳太世　堅 佳太世　哉 佳 耀　横 欲謀大鳥　喬 太佳世

隆 太佳世 腮佳又奈路　勝 太右太利　垂 太路路 奈大大白　低 太路　差 太佳鳥 易欲欲 腮目

達 太佳鳥　辜 蔹家　名 奈　拋 奈歪　猶 奈阿

摩 奈蔹路　靡 奈佳神茂　貪 慕腮荷路　酬 慕囝鳥　宰 慕世六 耀自世

迎 慕佳鳥　空 慕奈世　叨 慕腮荷路 安大利　蒸 慕自　羣 慕剌佳路

婁 慕腮荷路　憂 鳥　愁 鳥列易　疑 鳥大佳鳥　蹲 鳥自囝遶路

窺 鳥佳佳鳥　催 鳥奈佳氣 艮欲阿目　妍 鳥路佳世　穿 鳥佳蔹　搖 鳥謀佳自

禎 阿六佳　埋 鳥蔹慕　浮 鳥佳付　移 鳥蔹路　遷 鳥蔹路

沽 鳥路　癢 佳　堆 鳥蔹太佳世　罹 鳥列穴　笞 鳥蔹

剖 鳥佳蔹　裁 鳥鳥　馴 奈路　騑　騎 慵路

逃 懦佳路 文固　秉 懦梭路　儀 懦利　規 懦利　臨 懦梭墓
伸 懦付　舒 懦付　陳 懦付 邁自烏　申 懦付 邁烏自　宣 懦付
遺 懦課自　貽 懦課自　殘 懦課自　通 懦佳路　昇 懦荷路
登 懦荷路　騰 懦荷路　揮 懦課烏 付六烏　攄 懦付　奡 懦利
加 固歪烏路　降 固太路　摧 固太固　痾 耀邁易　崩 固兹路
頽 固兹路　和 耀歪奈 世　安 耀自世　綏 耀自世　柔 耀歪剌加
雍 耀歪剌加　燒 耀固　孚 耀　痛 耀邁易　休 耀墓
良 耀耀　癰 耀射大利　誠 邁課太　前 邁穴　逑 邁欲烏
真 邁課大　貧 邁大世　交 邁世歪路　先 邁兹 腮氣大烏　增 邁自
紆 邁大烏　纆 邁大烏　當 邁腮又 神太路 太　方 自佳固　圓 邁大佳奈 杰世
銷 杰自　刋 杰兹路 耶利　梟 付固六烏　含 付固墓　銜 付固墓
深 付佳世　防 付腮固　耽 付杰路　淩 課阿路　馳 課耶太路

戀 課六　濃 課耀邁佳　斯 課　維 課列　玆 課列

殊 課大奈利　踰 課石　超 課右　强 課法世　如 課大世 右固 世固 日世

焦 課佳　滋 課列 世杰世　戚 課大慵 泆慵　之 課列 右固　澌 課阿路

彫 耶路　須 邁玆太世　完 邁玆太世　全 邁玆太世　招 邁業固

間 押佳太　餘 押邁路　欺 押腮慕固　騫 押佳路　揚 押佳路

逢 押烏淺　非 押刺自　敦 押玆世　淳 押玆世　彰 押刺丞烏

遊 押 付　悛 押刺大慕　周 押邁業世 莵固路　充 押玆 審玆　愆 押耀邁路

崇 太佳世 太玆大付 押佳慕 梭烏　澆 押丞玆　遭 押烏　扛 押梭　瞞 押腮慕固

騷 腮佳玆瓦　仁 腮業 沸太　摟 腮固路　祥 腮烏易　昌 腮佳又奈路

頁 腮太慕　遮 腮耶瓦路　妨 腮邁太固　擎 腮腮杰　祁 腮佳又奈路

痕 氣自　癖 目　聽 氣固　嫌 氣刺烏　消 氣耶

披 氣路 沸刺固　清 氣欲世　痍 氣自玆固　疵 氣自　優 右太佳奈路

寬 右太佳　征 右固　于 右固 太列奈耀　祖 右固　淘 右路

巡 莪固路　環 莪固路　縈 莪固路　徽 莪右　掀 抑佳路

南 箚奈箚　盈 箚旋　填 箚　聾 箚箚世 目目易世　看 箚路

相 箚路　漫 箚太利　猷 箚致　皆 箚奈　湮 世兹鳥

淪 世兹鳥　僉 箚奈　皺 世法鳥　科 世奈　隨 世太佳鳥

然 世佳鳥　而 世佳月　敷 世固　舖 世固　頻 世氣又利

繁 世杰世　癢 六　鑴 耶利　輝 世佳路　走 歪世路

弘 沸六慕　均 沸大世　翻 沸路佳耶路　提 沸叕腮固　孤 沸大利

潛 沸棱佳　牽 沸固　齊 沸大世　冲 沸易路　鞏 沸棱慕

箏 沸課兹刺鳥　慵 目懦鳥世　元 目大　燃 目耶路　橦 目太固

需 目太慕　令 射世慕　攻 射慕　措 自路　徽 自課迭

過 自固　捐 自迭 自叕路　怱 易棱佳歪世　淒 射易　共 自怒大奈利

都自穴氣　專目盜法迭　將目盜迭　目圖路　汞目大慕　千目大慕

盛目路　諸目六　撐腮阿腮　痰沸易剌圖　盲茂世易　藹烏目圖　蔑圖剌

癩目懦圖路易　虋課烏自　穡佳目易　淋柙圖大路　驍易腮目

瘩謀　佳腮　氣自　䫄射杰路　奔柙世路　矜烏六稜佳　碩易世自那

瞋易佳路　歆法圖　匏法奈付腮佳路　拈大路　瘻六

癰欽烏　庚目杰　瘤右自穴　柙奈　踪柙大　燔柙付剌目懦

疣氣目　源杰又　日本王姓　平穴易　其國第二姓　滕烏　其國第三姓　漸易路

芟佳路　瑜佳歪路　掀佳利　認致佳烏　劇杰盜路

瘧付自穴　瞯邁世六圖　跆付慕　尊盜　大世　棱又　見盜路

隱易又　佳利自　禱易奈路　痛易太慕　悼易太慕　慟易太慕

惻易太慕　楚易太慕　抱易太慕　勇易腮　愈易欲欲

忌易慕　寐易慰路　暇易腮慕　射易路　易剌路　課致柙利法自　涸佳路

日本一鑑　窮河話海　卷五

劾易大杰奈世　活易固路　揖易益自　謂易烏 佳太路　諱易審奈

戴易太太固　到易太路　款易大路 太太固　造易太路　致易太自

否易奈耀　厭易太付　出易益 易路　沒易路 世益慕　入易路 易蘇 易遣太

恕易抑路　戒易邀世慕　壽易儒致　命易儒致　偽易益法路

扨易歪又耀　鑄易路　懟易課付　慍易奈路　瘵易耀自

劇法佳世　縲法奈太　測法佳路　恥法益　忝法益佳列慕 佳大世杰奈世

辱法益佳世慕　侍法又穴路　惲法法佳路　聃法佳路　跣法太世

拂法剌世　掃法剌烏　計法佳剌付 佳模烏　放法奈益　激法杰又自

剝法固　磔法路　勵法杰邁自　撩法佳路　裸法太佳奈路 抑佳法太佳

噎法奈沸路　創法世慕　夾法颸慕　肖又太剌　贅又

惡又固慕　鈍又村世　若又襪世 業易課六 固路世慕　似又太剌　類又太剌

暴又佳丞　荷又奈烏　耄荷世太剌　恣荷世易邁　縱荷世易邁 太太易 右路自

伐 荷課路 氣路 烏兹　逸 荷世易邁邁 犸自世　播 荷大課自　逆 荷大法世路　滅 荷六計

儆 荷課路　阻 穴　隔 穴大兹　歷 穴路　可 穴世

耗 穴路　倭 穴兹刺烏 穴兹付烏　把 大路 法兹自　敏 大世　武 大刺 太杰世 柳世

後 大世　慧 蔑大慕 大世　銳 大世　迅 大世　達 大阿路

共 大目　止 大大邁路 粗慕　取 路　採 大路　攬 大路

秉 大路　整 大大奈烏　繫 大刺烏　滯 大大課阿路　已 阿懦列 自迭乂

操 大路　嫁 大兹圖　解 大圖　閟 大兹　逗 大

透 大阿路　與 大　咎 大佳　毒 大梭　乏 大渏世

拉 大梭沸世梭　富 大𡨴　力 欲佳剌 兹大慕　鏤 致刺法烏　理 刹 阿梭烏

褫 怒圖　竊 怒自目　擬 怒氣乂　抄 怒氣乂兹　脱 怒梭 遨蔑佳路

擢 怒氣乂梭　拔 怒氣乂兹 法烏易　老 阿易太路　長 阿腮 大來大佳世　惰 阿課太路

懈 阿課太路　怠 阿課太路　犯 阿佳自　劫 阿沸耀佳自　仰 阿阿世 柳烏圖

念阿目烏 憶阿目烏 夥太 想目烏 恐阿撥路
畏阿撥路 佳世課遶路 怖阿撥路 慮阿目又法佳路 拜阿佳慕 御阿腮慕
愕阿大六固 駭阿大六固 惜阿世慕 愛阿世慕 課阿烏自
送阿大路 覺阿荷烏大腮大路 逐阿烏 各阿懦懦 抑阿自
置阿自 抑阿腮烏 歛阿腮烏 撥阿腮烏 起阿固
泳阿欲固 補阿氣懦烏 墮阿兹 落阿兹 殞阿兹
損阿大自 減阿大路 趣阿目慕氣 赴阿目慕氣 掩阿阿鳩
寢阿大懦課目路 稅阿氣致佳烏 烏法路路 法烏 醍阿目荷氣路 擽阿兹 唇阿固
寡耀目蔑 耀目自 慧押杰遶氣 濟歪大 別歪 辨歪氣遶嵩 穴又
熊歪腮 涉歪太路 剖歪佳兹 累歪兹剌易 佳腮恕 瀉佳太 烏兹自
敵佳布氣 限佳氣剌 狩佳剌 獵佳剌 買佳烏
利佳佳 反佳耶兹迭 獲佳耶自 遶太 返佳耶自 叵佳太世

檢 佳又佳烏　飭 佳腮路　被 佳烏慕路　賴 佳烏慕路 欲路 太懦慕　變 佳歪路

代 佳歪路　替 佳歪路　假 佳路　算 佳核烏 腮又　掠 佳自慕

勝 佳兹　叶 佳數烏　副 佳奈烏　閔 佳奈世慕　悴 佳世固

剝 又大 歪路　顧 佳穴利　攪 佳固 密太路　燥 佳歪固　換 佳烏

刈 佳路　翳 佳固自　慶 欲六課付　賀 欲六課付　喜 欲六課付 沸腮腮氣 課懦慕

懌 欲六課付　悅 欲六課付　弱 欲歪世　寄 欲自　據 欲路

令 欲世　克 欲世　好 欲世佳阿欲世 課懦慕　義 欲欲世　善 欲世

美 欲世 烏路法世　吉 欲世　靠 欲利佳佳路　嫋 欲歪世　伏 欲路 付自

淑 欲世　世 欲　恃 太懦慕　巧 太固密　猛 太杰世

戲 太歪付路　貴 太兹大世　仆 太烏路　樂 太懦世慕 業佳烏　戰 太太佳烏

助 太自杰 自杰　祐 太自固　適 太邁邁　弼 太自固　扣 太太固

設 文　譬 太大烏　給 太邁烏　賜 太邁烏　進 太陡邁兹路 自自慕

獻太迭邁兹路　貢太迭邁兹路　互太佳易乂　㭬太法慕　貯太周歪烏

遞太佳易乂　遠太阿　漏大付　目路　酷法奈法太　外荷課　核氣　歪自路

太法奈法太　甚法奈法太　駛法耀世　弛法兹自　濁乂課路

敞荷佳剌佳　殆荷大乂大　細荷核世　豁荷佳剌佳　綻荷課六沸

上荷大剌　佳豕　賤易耀世　蕩大剌佳自　散致路　少致易腮世

近致佳世　邇致佳世　大阿阿易乔利　巨阿阿易　侈阿課路

竟阿歪路　重阿目世　及阿欲付　逮阿欲付　在阿固

劣阿大路　了阿歪路　暨阿欲付　儼阿課核佳　偉阿阿易奈利

禍歪腮歪佳　沸歪固　涌歪固　亘歪太路　僅歪

耀佳佳耀固　固佳太世　邁課太　被佳懦　矣佳太太　罩太世

疊太太慕　太太慕　倏太致邁致　妙太穴奈利　偶太邁　正太太世　邁腮乂

耐太耶　遏太耶　絶太耶　忽犬致邁致　乍太致邁致

緘 押易　軏 太耀自　但 太太　為 太邁　爽 大佳烏

有 太目兹 押判　皀 太歪慕　立 太兹　只 太太　啻 太太

爛 太太路　漾 易耀烏　忒 太佳烏　舛 太佳烏　討 太兹恕

逞 太敀邁世烏自　毿 太阿路 太阿路路　輔 自志　刺 梭世路　厥 梭列

備 梭奈烏　聳 梭沸右　灌 梭梭固　灑 梭梭固　剃 梭路

貿 梭慕固 邁固 阿烏　具 梭刺烏　染 梭慕路　傍 梭烏　亥 梭慕固

盻 梭世　溉 梭梭固　謹 兹兹世慕　慎 兹兹世慕　恪 兹兹世慕

倦 兹佳路 烏慕　曲 兹邁沸刺佳　審 兹邁沸刺佳　費 兹易耀　肯 兹密

事 兹佳烏 課大　附 兹固 法致 自奈　即 兹固 自奈 法致　着 兹固　誂 兹固

麗 兹固 烏路法世　託 兹固　襲 兹固　遂 兹易又 大固路　毎 兹業又

恒 兹業又　遣 兹佳歪　償 兹固懦烏　倩 兹固懦烏 耀大烏　盡 兹固自 課課六固

馨 兹固自　東 兹佳業　積 兹慕　列 兹刺恕　摘 兹慕

繕玆固六烏 洓玆固玆慕 募玆懦路 勉玆大慕 務玆大慕

約玆玆適耀 努玆太慕 蘊玆玆慕 姳業大慕 紹玆固

擣玆固烏玆 離玆固 亞玆固 寐業耀 顧業佳烏

蓂業佳烏 蕺業佳烏 懇業又課六 錬業路 練業刺氣怒

朽奈太刺佳自固玆 永奈佳世 迹奈刺付 芴奈佳世 習奈刺付

慣奈刺付 蔑奈易佳世六 莫奈佳列 直奈阿 押奈路

盡奈又梭 奈奈又梭 曷奈又梭 准奈 滑奈箴刺佳

擲奈固 撫奈玆 慰奈梭腮慕 向奈丈丈慕佳烏 欲奈丈丈大自

號奈 業奈利 惱耀慕 宥奈奈 衔奈刺烏

擬奈自刺阿 泥奈玆慕 諕奈路 結慕自付 致慕業

報慕固烏 擄慕自付 對慕佳烏 占慕迭刺 植烏烏

動烏課固 拍烏玆 打烏玆 抵烏玆 寫烏玆自

失烏世烏 泛烏佳付 潤烏路阿自 漸烏路阿阿 耀烏耀固 濕烏路阿自

賣烏路 患烏列易 產烏慕 薄烏自世烏氣 內烏致

恨烏剌慕 懟烏剌慕 騍烏固利玆固 敬烏耀邁烏 奉烏固

揹烏致玆 背烏剌佳烏 毆烏玆 翹烏玆太烏 纂烏法烏

售烏路 濫烏 坐易路 贗易玆法玆 後懦致

莅懦梭慕 述懦付 信懦付 邁課太 展懦付 遁懦固路

拭懦課烏 熨懦自 截懦自 駕懦自 括固固路

臭固腮世 困固路世慕 跡抑大 委固歪世固 砕固大固

癬固腮 位固剌易 激固致自自固 企固歪太玆 汲固慕

縊固沸路 覆固玆佳耶路 阿阿易阿 宿耀太路 太邁利 疾耀邁易 病耀邁易

雇耀大烏 養耀世奈烏 育耀世奈烏 瘦耀世太利 豫耀自世

灸耀固 穆耀歪剌固 罷耀慕邁佳路 敗耀付路 息耀慕

歇 耀慕　韝 耀法剌佳　壞 耀付路　妥 耀自世　泰 耀自世
轂 耀課六　軟 耀歪剌佳　蔵 邁大鳥　實 邁課大 肥業　寔 邁課大
彝 邁鳥　奠 邁茲路 阿圖　祭 邁茲路　杷 邁茲路　解 邁鳥自
瞬 邁世六圖　免 邁蔑佳路 右圖自　跨 邁太佳路　任 邁佳自　護 邁荷路
轉 邁歪路　又 邁荷　雜 邁世法路　接 邁世歪路　錯 邁世歪路
請 邁易路　速 邁業圖 自家耀佳　盜 邁自　待 邁茲 邁荷六世　俟 邁茲
佇 邁茲　勾 邁佳路　倍 邁自　允 邁課大　枉 邁圖
政 邁茲 抖課大　削 杰茲路　盖 杰太迭　織 杰佳路　漬 杰佳路
贖 杰佳路　汚 杰佳路　斷 杰茲路　再 付太大沸　卧 付自
蹈 付慕　茸 付圖　舊 付路列 世獄鳥　觸 付路圖　塞 付肥圖
槊 付射圖　杜 付肥圖　踐 付慕　棹 付路　遂 付世世
畓 付路鳥　蹴 付慕　乞 課鳥 押大鳥　快 課課六獄世　戀 課易

荅 課大鳥
庶 課易業佳鳥
慕 課易業佳鳥
尚 課易業佳鳥 腮世奈阿
栱 課邁慦固

是 課利
此 課列
悉 課大懦懦固
異 課大懦利
誘 課世剌鳥

越 課右
若 課大世 目世
試 課課六慕
拒 課法慕
諺 課大法世

澸 課自
獲 耶太利
得 耶太利
選 耶剌付
擇 耶剌付

揀 耶剌付
儲 太固歪阿
諒 邁課大
儀 付奈欲梭易
請 課付

價 押太易
合 押鳥
剩 押邁慈腮易
焙 押付路
慤 押歪列慕

操 押耀慈路
步 押課慕
恠 押耀世慕
悲 押世世
欠 押固沸

贖 押佳鳥
遇 押付
值 押鳥
會 押固
舉 押固

匪 押剌自
篤 押慈世
厚 押慈世
或 押 易法
濯 押剌鳥

洗 押刾鳥
顯 押刾法鳥
着 押剌法鳥
豈 押邁
與 押太鳥

豫 押剌佳世笕
跂 押刾太慕
宛 押太佳目
敢 押耶迷
洽 押邁業世

浹 押邁業世
普 押邁業世
遍 押邁業世
侮 押奈大路
慢 押奈大路

溥 抑遮棠世　纂 抑藏棠　浣 抑剌烏　腆 抑兹世　躁 腮歪囘

戚 腮佳乂柰路　幸 腮易蒸易　祚 腮易歪佳　福 腮易歪易　寤 腮大路

悟 腮大路　决 腮大　壯 腮佳乂柰路 耶兹氣　熾 腮[illegible]乂柰利　捧 腮腮囘

玄 腮路　避 腮路　倒 腮佳世邁　摺 腮[illegible]世法法腮纂　忤 腮佳烏

逆 腮佳烏　礙 腮烏　插 腮世法腮纂　換 腮兹囘　柱 腮腮剌

旺 腮佳乂人自　搽 腮太路　辟 氣容　壮 氣太　極 氣欲閉 自囘烏

淨 氣欲世　容 氣沸世 世腮佳乂　切 氣路 氣剌路路　滉 荷沸　滅 氣右路

靳 氣路　緊 氣沸世　戮 氣路　葉 氣兹囘　浴 右抑纂

綍 右法烏　往 右囘　逝 右囘　邁 右囘　夢 右茂

遜 右兹路　繞 茂囘路　召 茂自　運 茂目路　匜 茂囘路

娶 茂大路　眩 茂囘路茂囘　邏 茂囘　溢 容兹　短 容世佳世

視 容路　覩 容路　琢 容佳囘　導 容兹沸囘　亂 容太

妄窑大利乂　桊窑太利　猥窑太列佳歪世　識世路　下世目

併佳佳世奈佳剌　踞世利島奈自　藝世歪肥　叙世奈　品世奈

劾世路世　順世太佳島　静世兹佳　寂世兹佳　寞世兹佳

恐世杰　縮世世慕　肅世世邉慕　亟世法法　退世利棱固

暫世法剌固　屢世法固　滴世太太　瀝世太太路　者沸太

特沸太利　震沸乂佳世　左沸太利　隙沸邉　博沸六世

廣沸六丗　秀沸易兹　發沸剌固　闢沸利固　等沸太世

久沸肥世　曳沸固　控沸固　拾沸六島　跪沸肥邉兹固

臻沸　挽沸固　撚沸棠　闌沸剌固　響沸沸固

閃沸剌莪固　燼目耶固易　弄日迭押棱付　用目島致　覓目大島

索目大烏　溾目路　默目大自　衆目六六　玩目迭押棱付

狠目大路　脆目六世　諕目迭押棱付　謔射慕　責射慕

迫 射邁路　逼 射邁路　撞 烏兹　堋 押兹杰　勸 自自菓
末 自耶　則 自奈法致　拾 自兹　摺 自利　絶 自圖路
銑 自付　廢 自太路 目懦　頗 自課付路　侑 自自菓　潑 押易懦
癬 佳圖剌法　點 世路世　瘖 阿乂　疝 射乂　瘧 氣糴 耶糴審
痢 烏利　斷 法世圖 太耶　卒 棱兹自　不 押剌自　聚 押邁路
審 押氣剌佳　獨 沸太利　狹 射法世　祿 六利　縹 法奈太
駕 押佳路　視 易大 邁世烏 易糴　擂 迭沸圖自氣　搦 押世沸圖 佳剌菓路 茂圖　弭 右法自 右審法自
伺 烏佳右 佳烏 烏佳　緩 右路佳世 右路世　杳 法路佳奈利　握 乂致路 乂氣路　幹 易兹 佳氣
靳 致佳剌烏兹　折 阿利　浙 佳世欲菓　皺 世法烏　橋 氣兹 其國第四號也
賁 邁路　捅 兹懦大路　蹶 兹邁兹圖　傺 菓佳烏　輟 糴菓
瞑 邁杰　篌 邁兹　蹟 兹邁兹圖　路 兹邁兹圖　蹋 付菓
揖 易兹自　諱 易審奈　努 右易易 兹大菓　到 易太路　故 付路列 佳路佳 諒大聰剌 乂穴丈

戴氣路 犬大奈烏 勇易肥 更腊利邁 繼蘇固 戴易太太固

彥沸課 促烏奈佳自 致佳奈拔 請易烏 佳太路 欲阿日烏 大自 奈又又 領押姦佳路

日本一鑑窮河話海卷之五

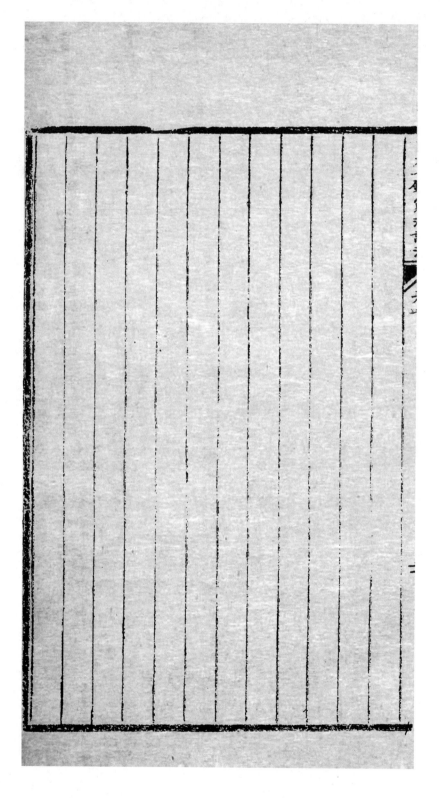